_____ 님의 소중한 미래를 위해
이 책을 드립니다.

세네카의 말

주체적이고 행복한 삶을 위한 철학 에세이

세네카의 말

루키우스 안나이우스 세네카 지음

메이트북스

메이트북스 우리는 책이 독자를 위한 것임을 잊지 않는다.
우리는 독자의 꿈을 사랑하고,
그 꿈이 실현될 수 있는 도구를 세상에 내놓는다.

세네카의 말

초판 1쇄 발행 2022년 7월 15일 | 지은이 루키우스 안나이우스 세네카
엮은이 정영훈 | 옮긴이 정윤희
펴낸곳 ㈜원앤원콘텐츠그룹 | 펴낸이 강현규·정영훈
책임편집 남수정 | 편집 안정연·박은지 | 디자인 최정아
마케팅 김형진·서정윤·차승환 | 경영지원 최향숙 | 홍보 이선미·정채훈
등록번호 제301-2006-001호 | 등록일자 2013년 5월 24일
주소 04607 서울시 중구 다산로 139 랜더스빌딩 5층 | 전화 (02)2234-7117
팩스 (02)2234-1086 | 홈페이지 matebooks.co.kr | 이메일 khg0109@hanmail.net
값 16,000원 | ISBN 979-11-6002-377-0 03100

미래에 대한 기대로 사는 것은
현재를 사는 데 가장 큰 장애물이며,
내일에 기대어 오늘 하루를 낭비하는 것과 같다.
앞으로 다가올 미래는 그 누구도 알지 못하는 법이다.
지금 이 순간을 살아라!

• 세네카(고대 스토아학파의 대가) •

인생의 방향을 모르겠다면
세네카에게 길을 묻자!

참혹하고 온갖 음모와 투쟁이 난무했던 로마 시대를 살아온 세네카는 철학 그 자체에 얽매이기보다 마음의 평정과 인생의 지혜 등 현실적인 문제 해결에 집중했던 철학자였다. 그래서 현대에 세네카는 어떻게 하면 인간의 심리를 꿰뚫고 이들을 구원할 수 있을지 고민해온 '삶의 철학가'로 추앙받기도 한다.

스토아학파의 대표적인 인물로 꼽히는 세네카는 논리적인 철학보다는 자연과 윤리에 집중했으며, 무엇보다 평정심을 가져야 한다고 강조한다. 세상이 아무리 세속적으로 물들어도, 올바른 이성을 가지고 선을 실행하려고 노력한다면 감정에 휘둘리지 않고 바르게 살아갈 수 있다고 말한다. 그가 속했던 스토아학파도 마음과 행복, 화와 용서, 돈과 명예, 노년과 죽음, 인생에 대한 현실적인 명제들에 대한 질문과 해답을 찾으려고 노력했다.

이 책 〈세네카의 말〉은 로마 시대 민중의 사랑과 존경을 받았던 철학자이자 비극 작가인 세네카의 『대화편(dialogi)』 속 12편의 철학 에세이들 중에서 〈인생의 짧음에 대하여(De Brevitate Vitae)〉〈마음의 평정에 대하여(De Tranquillitate Animi)〉〈섭리에 대하여(De Providentia)〉를 〈세네카의 인생론〉으로 묶어 편역하고, 〈행복한 삶에 대하여(De Vita Beata)〉를 〈세네카의 행복론〉으로, 〈분노에 대하여(De Ira)〉를 〈세네카의 화 다스리기〉로 편역해 한 권으로 묶은 책이다.

짧은 인생, 어떻게 살아가야 할 것인가?

세네카는 〈인생의 짧음에 대하여〉〈마음의 평정에 대하여〉〈섭리에 대하여〉라는 세 편의 에세이를 통해서 우리에게 많은 가르침을 남겨주었다. 〈인생론〉은 이 세 편의 산문을 한데 모아 편역한 것이다.

〈인생의 짧음에 대하여〉는 로마의 양곡 조달관인 파울리누스에 헌정한 글로, 세네카는 인생의 길이는 우리가 얼마나 유용하게 시간을 사용하느냐에 달려 있다고 주장한다. 〈섭리에 대하여〉는 섭리가 존재하는데도 선한 이들에게 많은 나쁜 일이 생기는 이유를 묻는 루킬리우스의 질문에 대한 답이다. 〈마음의 평정에 대하여〉는 세레누스가 자기 마음의 혼란스러운 상태를 털어놓자 마음의 평정이 왜 필요한지에 대한 세네카의 답이다.

세네카는 자신의 삶에 만족하지 못하는 사람들을 위해서 마음의 평정을 가지는 것이 중요하다고 주장한다. 언제 어디서든 마음의 평정만 유지할 수 있다면 스스로의 삶에 만족할 수 있으며, 이는 죽음과 불행을 염두에 두고 살아갈 때만이 가능하다.

또한 세네카는 지나친 욕심과 쓸데없는 일로 인생을 허비하고 있는 사람들에게도 따끔한 일침을 남겼다. 값진 인생을 산다는 것은 비단 얼마나 오래 사느냐가 아니라 얼마나 알찬 시간을 보내느냐에 따라 결정된다는 것이다.

세네카의 충고처럼, 진정한 미덕을 추구하며 나에게 주어진 삶이 그저 하늘이 준 선물이라고 여기고 언제든 주인에게 내어줄 수 있다는 생각으로 살아간다면 어떨까? 작은 것에 연연하지 않고 욕심을 버리고 숭고한 목표를 위해 나아간다면, 한없이 허무하게만 느껴졌던 삶을 다른 시각에서 볼 수 있을 것이다.

행복한 삶이란 과연 무엇인가?

〈행복한 삶에 대하여〉는 세네카가 갈리오(원명은 루키우스 안니이우스 노바투스)에게 헌정한 글로, 행복은 무엇으로 이루어져 있으며, 우리가 어떻게 해야 행복을 구할 수 있는지 이야기하고 있다. 세네카는 "모두가 행복하게 살기를 원하지만, 정작 행복한 삶이 무엇에 달렸는가를 고민하는 데까지는 생각이 미치지 못한다"고 말하며, 행복한 삶의 정의와 조건에 대해서 들려준다.

세네카는 스토아학파의 철학자답게 미덕을 추구하며 자연의 섭리에 맞추어 살다 보면 진정한 행복을 얻을 수 있다고 주장한다. 우리는 행복한 삶을 영위하기 위해서 오늘도 고군분투하고 있다. 가끔은 내가 가진 행복이 남들보다 작은 것 같아서 속상할 때도 있고, 급작스럽게 찾아온 고난을 이기지 못하고 좌절하기도 한다. 그럴 때마다 이 에세이에 소개된 세네카의 조언을 마음 깊이 새겨두면 어떨까?

언제 어디서든 그동안 누렸던 건강과 안락함을 감사히 여기고 지금 닥친 고난을 이겨낸 후에 언젠가 다시 행복해질 수 있다는 믿음으로 살아간다면, 당장 모든 것을 포기하고 싶다가도 다시 한 번 일어설 수 있을 것이다.

화에 휘둘리지 않으려면 어떻게 해야 하나?

〈화 다스리기〉는 세네카가 동생 노바투스에게 전하는 서간문 형태의 에세이 〈분노에 대하여De Ira〉를 편역한 것이다. 세네카는 노바투스가 분노를 누그러뜨릴 방법을 요청하자 평소 화를 잘 내는 동생에게 인간이란 어떤 존재인지, 이성과 화의 차이점은 무엇인지, 화란 무엇이고 화로 인해 겪는 어려움과 잘못된 행동들은 무엇인지 현실적으로 직언하고 있다.

세네카의 말처럼, 화라는 감정은 고삐 풀린 망아지와 같아서 일단 화가 시작되면 그 후로는 나를 마음대로 다스리기가 힘들다. 누구는 화를 너무 참고 살아서 문제가 생긴다지만 너무 성급하게 화를 내는 바람에 그냥 지나가도 될 문제를 크게 만드는 경우가 다반사다. 화만 다스릴 줄 알면 자기와의 싸움에서 절반은 이긴 셈이라고들 하지 않는가. 오죽하면 참을 인이 세 번이면 살인도 면한다는 말이 나왔을까.

이 에세이가 쓰인 시기는 한참 전이지만 아직도 우리는 화를 극복하지 못하고 여러 가지 문제를 겪고 있다. 그래서 지금도 매일 인터넷이나 책, 혹은 종교단체의 모임을 통해서 마음을 다스리는 법, 분노를 이기는 법, 용서하는 법을 깨닫기 위해 다양한 시도를 하고 있는 것이다. 어찌 보면 이 에세이에는 동시대를 살아가는 철학자의 글보다 더욱 와 닿는 부분들이 많다.

이 책을 읽으면서 자신을 뒤돌아보고 반성할 수 있는 계기를 얻을 수 있을 것이다. 세네카의 진심 어린 충고와 이성적인 고찰을 통해서 행복한 인생을 영위할 수 있는 계기 또한 얻기를 바란다.

현대의 독자들을 위해 독자들이 이해하기 힘들거나 시대적·역사적·문화적으로 지나치게 거리가 있는 부분은 일부 삭제하고, 현대인에게 가장 필요한 알맹이만 골라서 소개하게 되었음을 알려드린다. 또한 이 책의 목차와 각 칼럼의 제목도 편역 과정에서 완전히 새롭게 구성하고 추가해 독자들의 이해를 돕고자 했다.

정영훈

차례

1부
세네카의 인생론

1장 사용법만 잘 익히면 인생은 충분히 길다

2부

세네카의 행복론

1장 무작정 남이 하는 대로 따라 살지 말라

3장 화를 억제하고 다스리는 법

4장 화를 내면서 살기엔 인생이 너무 짧다

◆◆◆◆

지금 이 순간 주어진 하루를 충실히 사는 자들은 확고하다.

지금보다 더 가질 수는 있어도,

그들에게서 무언가 빼앗을 수는 없다.

세네카의
인생론

1장

—

사용법만 잘 익히면
인생은 충분히 길다

01

순식간에 삶이 끝난다며
불평하는 사람들

✦ 많은 사람들이 자연의 짓궂은 섭리에 대해 불만을 토로한다. 극히 제한적인 수명을 타고나는 것도 모자라서 그 짧은 생마저 눈 깜짝할 사이 정신없이 지나가버리기 때문이다. 그 때문에 극소수의 사람들을 제외하고는 대부분 인생을 준비하다가 어느 순간 삶의 끝자락에 도달하고는 한다.

지극히 평범한 사람들과 무지한 대중들만 이런 보편적인 자연현상에 대한 안타까움을 눈물로 호소하는 것은 아니다. 한때 두각을 나타냈던 유명인들조차 인생의 덧없음에 대해 불평한 바 있다. 그래서 가장 유명한 의술가 히포크라테스도 "인생은 짧고 예술은 길다."라고 외쳤던 것이다.

세네카의 말

026

문제는 수명의 짧음이 아니라
시간 낭비다

✦ 사실 수명이 짧은 것이 문제가 아니라 대부분의 시간을 낭비한다는 것이 문제다. 인생은 충분히 길고 제대로 잘 활용한다면 위대한 과업을 이루고 남을 정도로 충분하다. 하지만 방탕을 일삼고 무관심하게 살며 옳지 못한 목적을 위해 시간을 소비한다면, 자기도 모르게 인생이 바람처럼 지나가버린다. 결국 죽음이라는 마지막 관문 앞에 도달했음을 너무 늦게 깨닫고 만다.

인간이 수명이 짧은 것은
타고난 것이 아니다

✦ 결과적으로 인간이 수명을 짧게 타고난 것이 아니라 스스로 짧게 만드는 것이고, 인생이 짧은 것이 아니라 스스로 낭비하고 있는 것이다. 주체할 수 없을 정도로 엄청난 부를 가져도 주인을 잘못 만나면 금세 바닥나고 미미한 재산이라도 주인을 잘 만나면 금세 불어나듯이, 우리가 타고난 수명도 적절히 활용한다면 충분히 풍요롭게 사용할 수 있다.

세
네
카
의
말

04

타고난 수명도
잘 활용하면 충분히 길다

♦ 왜 자연에 불평을 늘어놓는가? 자연은 우리에게 자애로움을
베풀었고, 우리가 자연을 제대로 사용하는 법만 익힌다면 인
생은 충분히 길다.

그런데도 어떤 사람은 끝도 없이 탐욕을 부리고, 어떤 사람은
아무짝에도 쓸모없는 목표에 매달린다. 술에 취해 흥청거리는
사람이 있는가 하면, 게으름에 찌들어 매일 빈둥거리는 사람도
있다. 어떤 사람은 끝없이 타인의 평가에 휘둘리며 명예를 얻으
려 애쓰고, 어떤 사람은 돈에 대한 욕망에 눈이 멀어 바다와 육
지를 떠돌며 방황한다. 어떤 사람은 타인에게 위협적인 존재가
되고 싶은 욕망에 사로잡혀 타인을 위협하며 전투욕을 불태우
고, 또 어떤 사람은 누가 시키지 않았는데도 자기보다 잘난 사람
을 맹목적으로 보필하며 하인 노릇을 하느라 진땀을 뺀다.

방향이 없다면
가짜 인생에 불과하다

♦ 많은 사람들이 다른 사람이 가진 부를 빼앗으려고 혈안이 되어 있거나 자기가 가진 것에 대한 불만을 늘어놓는다. 또한 언제나 불만에 쌓여 있으며 한 가지 목표를 정하지 않고 매번 새로운 목표를 세우면서 변덕스럽게 행동한다. 어떤 사람들은 일정한 인생의 방향을 정하지 않고 반쯤 잠든 상태로 무기력하게 살아가다가 한순간 죽음의 포로가 되기도 한다.

우리는 어느 위대한 시인이 한 말에서 인생의 진리를 찾을 수 있다. "우리가 진정으로 살아가는 것은 그저 일부분에 지나지 않는다." 나머지 것들은 진짜 인생이 아니라 그저 시간일 뿐이다.

욕망의 포로가 되면
인생은 한없이 짧아진다

✦ 우리는 수많은 악덕들의 틈새에서 압박을 받는다. 이러한 악덕들은 우리가 자리에서 일어나 진리를 똑바로 직시할 수 없도록 방해한다. 또한 우리를 욕망의 포로로 만들어버린다.

욕망의 포로가 되어버리면 다시는 우리 자신으로 돌아갈 수 없게 된다. 만약 잠시나마 마음의 평온을 찾을 수 있는 기회를 얻는다고 해도 폭풍이 지나간 바다 위로 넘실거리는 파도처럼 여전히 좌우로 휩쓸릴 뿐이므로 욕망으로부터 완전히 자유로워질 수 없다.

07

부유함이 사람들에게
짐이 되고 있다

♦ 이 모든 이야기들이 이미 악덕의 포로가 된 사람들에 대한 것
이라고 생각하는가? 행운을 붙잡은 사람들을 구경하려고 구름처
럼 몰려든 사람들을 보라. 그들은 자신이 가진 축복 속에서 질식
상태가 되어가고 있다. 부유함이 수많은 사람들에게 짐이 되고
있는 것이다. 얼마나 많은 사람들이 본인의 힘을 과시하고 재능
을 선보이기 위해서 피 말리는 노력을 하고 있는가! 얼마나 많은
사람들이 끝없는 쾌락으로 핏기를 잃어가고 있는가!

제일 낮은 곳에 있는 사람부터 가장 높은 곳에 있는 사람까지,
하나하나 자세히 살펴보라. 어떤 사람은 변호인의 도움을 구하
며, 다른 사람은 그 도움에 응답하며 어떤 사람은 피고의 자리에
서고, 다른 사람은 그를 변호하고 또 다른 누군가는 그의 죄를
판결하는 자리에 있다.

스스로를 위해 사는 사람은 하나도 없고, 모두 다른 사람을 위해 에너지를 소모한다. 누구라도 알 법한 유명인들의 경우를 자세히 살펴보라. A가 B를 찬양하고, B는 C를 찬양하는 식으로 각자의 성격에 따라 역할이 나뉘어 있다.

08
스스로에게 만족할 수 없어
타인을 갈구하는 사람들

♦ 가끔은 말도 안 되는 불만을 토로하는 사람들도 있다. 평소 우러러보던 누군가를 만나고 싶은데 상대가 바쁘다는 핑계로 만나주지 않았다는 것이다. 스스로를 위한 시간도 내어주지 않으면서 다른 사람이 거만하게 굴었다는 이유로 불만을 토로하는 것이 가능한 일인가? 어쨌거나 당신을 쳐다봐주었고, 아무리 거만하게 굴었더라도 그 말에 귀를 기울여주고 옆자리를 내어주지 않았던가! 반대로 우리는 스스로를 들여다보고 자신 안의 소리에 귀를 기울이는 것을 가치 없는 일로 여겨왔다.

그렇기에 자신조차 하지 못한 일을 해주지 않았다고 타인을 비난할 이유는 없을 것이다. 왜냐하면 그건 누군가의 벗이 되고 싶은 마음이 아니라 스스로에게 만족할 수 없기 때문에 타인을 갈구하는 것에 불과하기 때문이다.

09

자기 인생을 왜 쉽게
남의 손에 내어주는가?

♦ 각 세대를 풍미했던 지식인들이 이 문제를 해결하기 위해 머리를 모은다고 해도, 인간의 정신 속 어두운 미스터리를 확실하게 설명할 수는 없을 것이다. 자기가 가진 재산을 누가 넘본다고 해서, 혹은 아주 사소한 문제만 생겨도 돌을 들고 무기를 찾는 것이 바로 인간이라는 족속이다. 하지만 타인이 자기 인생에 끼어들도록 내버려두고, 심지어 순순히 자기 인생을 남의 손에 내어주는 경우는 어떻게 설명할 수 있을까?

아무리 푼돈이라도 남에게는 인색한 사람들이 정작 자기 인생은 아낌없이 내어준 것이다. 재산을 나눌 때는 구두쇠처럼 굴면서 타인에게 시간을 낭비하는 것에는 너그럽기 한이 없다. 오히려 시간을 지키기 위해 탐욕스러워야 마땅한 일인데도 말이다.

그간 스스로를 위해 쓴
시간을 계산해보자

♦ 삶의 마지막을 얼마 남겨두지 않은 노인이 있다면 그를 붙잡고 이렇게 묻고 싶다.

"당신은 이제 삶의 끝자락에 와 계시군요. 백 세 혹은 그 이상의 나이가 당신을 짓누르고 있습니다. 지금까지 인생을 돌이켜 생각해보시면 어떨까요? 얼마나 많은 시간을 채권자에게 빼앗겼는지요? 얼마나 많은 시간을 애인에게 또 후원자에게, 그리고 부부싸움을 하느라 빼앗겼습니까? 얼마나 많은 시간을 도시를 활보하는 것에 보냈나요? 거기에 본인의 잘못으로 생긴 질병을 더하고 하릴없이 낭비한 시간까지 더해보면 기대했던 것보다 훨씬 적은 시간만 남을 겁니다.

당신이 확고한 계획을 세웠던 시간을 헤아려보고, 자신이 의도한 대로 흘러간 날이 얼마나 적은지, 스스로를 위해 할애한 시

세네카의 말

간이 얼마나 되는지 계산해보십시오. 언제 자연스러운 표정을
지었고, 언제 두려움에 떨지 않았고, 또 지금까지 오랜 세월을
살면서 어떤 것을 성취했는지, 당신이 모르는 사이에 얼마나 많
은 사람들이 당신의 인생을 빼앗았고, 아무 근거 없는 고통과 어
리석은 쾌락, 탐욕스러운 욕망과 사회 활동으로 얼마나 많은 것
을 잃었는지, 이제 당신에게 남은 것이 얼마나 적은지를 헤아려
보세요. 그러면 아직 때가 되지도 않았는데 벌써 인생을 마감하
게 되었다는 사실을 깨닫게 될 겁니다."

평생 살 수 있는 것처럼
행동하지 마라

♦ 왜 우리는 이런 삶을 자초하는가? 우리는 평생 살 수 있는 것처럼 행동한다. 본인의 나약함을 인지하지 못하며 얼마나 많은 시간이 흘러가버렸는지도 인지하지 못한다. 끝없이 샘솟는 우물에서 시간을 퍼다 쓰기라도 하듯 시간을 낭비하고 있는 것이다. 누군가를 위해 혹은 무언가를 위해 할애하는 그날이 바로 마지막 날이 될 수도 있는데 말이다.

우리는 유한한 존재처럼 모든 것을 두려워한다. 그러면서도 무한한 존재라도 된 것처럼 온갖 것을 갈구한다.

인생을 마감할 순간에
새 삶을 시작하지 마라

♦ 많은 사람들이 입을 모아 이렇게 말할 것이다. "내 나이가 쉰이 되면 현업에서 은퇴할 것이고 예순이 되는 해에는 모든 업무에서 손을 뗄 겁니다." 그렇지만 그만큼 오래 살 수 있다는 보장이 어디 있을까? 우리가 바라는 대로 모든 것이 이루어지리라는 확신은 어디서 생기는 것인가?

아무짝에도 쓸모없는 다소간의 시간만을 남겨두고 좋은 세월을 낭비한다면 정말 부끄러운 일이 아닌가? 인생을 마감해야 할 순간에 새로운 삶을 시작한다면 너무 늦지 않겠는가? 그때까지 살 수 있을지 없을지도 모르는 상황에서 쉰의 나이, 예순의 나이가 되어서야 제대로 삶을 설계해서 살겠다고 말하다니, 인간이 유한한 존재라는 것을 망각한 어리석은 발상이 아니고 무엇이겠는가!

가진 부보다 더 중요한 것은
여유로운 삶이다

♦ 여러분은 최고의 권력을 얻고 높은 명성을 얻은 사람들도 자신이 가진 부보다 여유로운 삶을 갈망하고 꿈꾼다는 사실을 깨닫게 될 것이다. 또 그들은 별다른 위험만 없다면 아찔한 정상에서 내려오고 싶어한다. 행운이란 외부의 공격을 받거나 충격으로 흔들리지 않더라도 그 자체의 무게만으로 스스로 무너져 내리기도 하기 때문이다.

● 세네카의 말

어릴 때부터 단 하루도
쉬지 못했다고 말하는 사람들

♦ 활동적이고 기운이 넘치는 호민관 리비우스 드루수스를 생각해보자. 그는 이탈리아 각지에서 몰려든 수많은 군중의 지지를 한 몸에 받으며 새로운 법안을 발의하고 개혁을 추진했다. 그러다 자신의 정책이 성공적인 결과를 가져올 수 없게 되고 이제와 멈출 수도 없게 되자 태어난 후부터 한 번도 평온할 날이 없었던 자기 인생을 저주하기 시작한다.

그는 어릴 때부터 단 하루도 쉬지 못했다고 말했다. 실제로 리비우스 드루수스는 성년기에 접어들기도 전, 소년의 토가˙를 입고 재판정에서 피고인을 변호하며 배심원들의 마음을 흔들었고 그 결과 몇 번의 재판에서 승소하는 데 커다란 영향력을 행사했다고 알려져 있다.

˙고대 로마의 남성이 시민의 표시로 입던 낙낙하고 긴 옷

15

어릴 적부터 야망에 눈뜨면
종국에는 파멸하게 되어 있다

♦ 어릴 적부터 야망에 눈을 떴으니 리비우스 드루수스에게 어떤 한계가 존재할 수 있었을까? 지나치게 조숙한 대담성이 결국 사적으로도 공적으로도 엄청난 파멸을 가져오리라는 것을 어느 정도 짐작할 수 있지 않은가? 소년 시절부터 논쟁을 일삼고 토론장에서 목소리를 높이던 그는 어릴 적부터 하루도 쉬어본 적이 없다는 불평을 너무 늦게 털어놓은 것이다.

그가 스스로 목숨을 끊었는지에 대해서는 여전히 논쟁의 여지가 있다. 갑자기 복부의 통증을 호소하며 쓰러져버렸기 때문이다. 그가 자살한 것인지도 모른다는 의혹은 남아 있지만 적절한 때 세상을 떠났다는 점에 대해서는 일말의 의혹도 남아 있지 않다.

세네카의 말

뒤늦은 푸념으로는
아무것도 바뀌지 않는다

♦ 모두에게 너없이 행복한 모습으로 그려졌으나 정작 평생 동안
해온 일들을 후회한다고 발언했던 인물들을 굳이 언급할 필요는
없을 것이다. 리비우스 드루수스의 뒤늦은 푸념은 그 스스로도,
다른 사람들도 변화시키지 못했다. 잠시 불만만 늘어놓았을 뿐
곧바로 평소 생활로 돌아가버렸기 때문이다.

인생이 아무리 짧더라도
충만하게 살아갈 수 있다

♦ 비록 천 년이 넘는 세월을 살아야 한다고 해도 우리 인생은 찰나에 지나지 않을 것이다. 이는 자명한 진실이다. 인간의 악덕은 수없이 길고 긴 시간을 한입에 집어삼킬 것이 분명하다.

인생이 눈 깜짝할 사이 손가락 사이로 빠져나가는 것이 아무리 자연스러운 일이라고 해도 이성을 통해 이를 충분히 연장시킬 수 있다. 그럼에도 시간은 재빨리 도망치려고 들 것이다. 왜냐하면 인간은 흘러가는 시간을 붙잡거나 멈추려고 하지도 않으며, 언제든 다른 것으로 대신할 수 있는 것처럼 혹은 그걸로 충분한 것처럼 세월이 가는 대로 방관하고 있기 때문이다.

2장

—

오늘 하루를 인생의
마지막 날인 것처럼

어리석은 것에 몰두하며
헛된 꿈에 사로잡힌 사람들

✦ 먼저 술과 욕정에 모든 시간을 할애하는 사람들에 대한 이야기를 시작해보자. 이들보다 더 어리석은 것에 몰두한 자들이 있을까? 야망이라는 헛된 꿈에 사로잡힌 자들만 해도 겉보기에는 그럴싸해 보인다. 이렇듯 탐욕이나 화, 혹은 부당한 증오심과 전쟁에 집착하는 자들의 이름을 열거해보면 호전적이라는 변명의 여지라도 있을 텐데, 자기 발로 욕정에 완전히 굴복해버린 자들의 불치병은 그저 불명예스러운 것에 지나지 않는다.

(19)

시간을 허비함에도
숨 쉴 틈조차 없다

✦ 술과 욕정에 찌든 자들이 얼마나 많은 시간을 허비하고 있는
지 자세히 살펴보자. 온갖 술수를 꾸미고 두려움에 떨며 주색을
찬양하고 흥청망청 시간을 보내며 음주를 즐기고 헛돈을 주고받
으며 일상처럼 술자리를 즐긴다. 그들의 행동이 좋게 보이건 나
쁘게 보이건, 누가 봐도 숨 쉴 틈조차 없이 빡빡하게 흘러가고
있다는 것을 알 수 있다.

。세네카의 인생론

배움에는
평생이 걸린다

✦ 일이 너무 많아서 분주한 사람들은 웅변이나 학문의 영역을
제대로 수행할 수 없다고들 한다. 온갖 것들 때문에 산만해지면
어떤 것도 제대로 흡수하지 못하고 억지로 음식을 쑤셔넣은 것
처럼 곧바로 토해내기 마련이다.

분주하게 사는 사람들은 사는 데 별 관심이 없으며, 제대로 사
는 법을 배우는 것만큼 어려운 것도 없다. 그 외의 기술을 습득
하는 데는 큰 어려움이 없고, 어디를 가나 좋은 스승들이 존재한
다. 그중에는 미숙한 아이라도 충분히 이해할 수 있는 기술도 있
다. 하지만 어떻게 살아야 하는지를 제대로 배우려면 평생이 걸
린다. 더욱 놀라운 것은 어떻게 죽음을 맞이해야 하는지 배우는
데도 평생이 걸린다는 사실이다.

21

제대로 사는 법을 모른다고
부끄러워하지 마라

♦ 많은 위대한 인물들은 온갖 역경을 이겨냈고 부와 공적인 자리, 쾌락을 멀리하고 삶의 끝자락에 이를 때까지 어떻게 살아야 하는지를 배우는 데 몰두했다. 하지만 대부분은 삶을 마감하는 순간까지도 제대로 사는 법을 배우지 못했다고 고백하며 세상을 뒤로했다. 그러니 평범한 이들이 사는 법을 제대로 모르는 것은 어찌 보면 당연한 일이다.

○ 세네카의 인생론

22

주어진 시간에
충실하라

◆ 인간적인 과오를 완전히 초월한 사람들만이 자기 수명을 어디에도 빼앗기지 않을 수 있는 능력을 갖추고 있다. 그들이 아주 오랜 인생을 살아갈 수 있는 것은 바로 자신에게 주어진 시간을 스스로를 위해 아낌없이 바치기 때문이다. 하릴없이 흘려보내거나 빈둥거리는 시간, 타인의 손에 좌우되는 시간 따위는 전혀 남겨두지 않는다. 그것들이 자신에게 주어진 시간과 바꿀 정도로 가치 있는 것이 아니라는 점을 깨달았기에 애초에 주어진 시간만 경제적으로 관리한다.

그런 사람들은 본인이 가진 것에 충실하고 만족한다. 하지만 다른 사람들에게 자기 시간을 많이 빼앗긴 사람들은 언제나 자신에게 주어진 시간이 부족하다고 느낄 수밖에 없다.

23

자신의 손해를
누군가는 눈치채고 있다

♦ 그렇다고 누구나 자신이 손해를 보고 있다는 사실을 전혀 눈
치채지 못할 거라고 단언해서는 안 된다. 그도 그럴 것이 엄청난
부의 무게에 눌려서 수많은 군중들 가운데 혹은 법정에서 간절
한 목소리로 변론을 하다가 또는 명예를 지키기 위해 힘들게 싸
우다가 "이렇게는 도저히 살 수가 없다."라고 큰소리로 탄식하
는 목소리를 종종 들을 수 있기 때문이다.

○ 세네카의 인생론

24

남은 인생이
얼마나 되는지 가늠해보라

✦ 물론 도저히 그렇게 살 수는 없을 것이다. 우리를 간절히 필요로 하는 자들은 우리의 것을 하나둘 빼앗아가기 바쁜 법이다. 자기 유산을 노리는 자들을 자극하기 위해서 꾀병을 부리느라 얼마나 많은 시간을 빼앗겨야 했을까? 또 진실한 벗도 아니면서 남들에게 잘난 척을 하고 싶어 당신을 찾아오느라 바빴던 자들에게 얼마나 많은 시간을 빼앗겼는가? 제발 우리에게 남은 인생이 얼마나 되는지 가늠해보라. 그러면 앞으로 시간이 별로 없다는 사실을 깨달을 수 있을 것이다.

세네카의 말

누구나 현재에
만족하지 못한다

♦ 그토록 바라던 높은 지위를 얻고도 곧바로 그 자리에서 벗어나고 싶어 입버릇처럼 "언제쯤 올해가 다 가려나?"라고 말하는 사람들이 있다. 큰 대회에 출전할 기회를 얻는 것이 엄청난 행운임을 알면서도 "언제쯤 이 대회가 끝날까?"라고 말하는 사람도 있다. 어마어마한 군중들이 몰려들어 자기 목소리가 제대로 들리지도 않을 정도로 거대한 토론장에 서서 '언제쯤 오늘 재판이 끝날까?' 하고 속으로 걱정하는 변호인도 분명히 있다. 이렇듯 누구나 바쁘게 인생을 살지만 현재에 만족하지 못하고 미래에 대해 막연한 기대감을 품기 마련이다.

26

하루가 충실한 사람들은
내일을 두려워하지 않는다

◆ 하지만 매순간을 자신의 필요에 따라 보내고, 오늘 하루를 인생의 마지막 날인 것처럼 꾸려나가는 사람은 내일을 기다리지도 두려워하지도 않는다. 지금보다 더욱 새롭고 즐거운 시간이 어디 있을까? 전부 아는 것들이고 마음껏 누렸던 것들인데 말이다. 앞으로 남은 시간은 그저 행운의 여신의 손에 맡겨두어야 할 부분일 뿐이다.

지금 이 순간 주어진 하루를 충실히 사는 자들은 확고하다. 지금보다 더 가질 수는 있어도 그들에게서 무언가 빼앗을 수는 없다. 만약 조금 더 얻는다고 해도 충분히 배가 부른 사람에게 음식을 더 주는 꼴이다. 그들은 그저 주는 대로 받을 뿐 간절하게 바라지도 않는다.

•
세
네
카
의
말

27

오래 살아남기보다
인생을 제대로 사는 데 집중하라

◆ 그렇기 때문에 백발이 성성한 머리카락이나 깊은 주름만 보고 살 만큼 살았다고 섣불리 판단해서는 안 된다. 백발의 노인은 그저 오래 살아남은 것이지 제대로 인생을 살았다고는 단언할 수 없기 때문이다.

출항하자마자 거센 폭풍우를 만나 사방에서 불어오는 바람에 실려 똑같은 자리를 빙빙 맴돌며 표류했다고 해서, 오랜 항해를 마쳤다고 볼 수는 없는 일이 아닌가. 그저 물에 오래 떠 있었던 것이지 제대로 항해를 한 것은 아닐 테니까 말이다.

3장

—

지금 이 순간을
충만하게 살아라

28

눈에 보이지 않는다고
하찮게 여기지 마라

◆ 누군가 시간을 좀 내달라고 요청하고, 이에 순순히 응하는 사람들을 볼 때마다 놀라움을 금할 수 없다. 굳이 시간을 할애해서 만나야 하는 이유가 무엇인지는 알지만 시간 자체에 대해서는 자각하지 못하기 때문이다. 다들 남의 시간을 구하는 것, 그리고 자신의 시간을 할애하는 것이 별것 아니라고 생각하는 모양이다. 세상에서 가장 소중한 것을 가지고도 이를 제대로 보지 못하는 이유는 시간 자체에 형체가 없어 눈에 보이지 않기 때문이리라. 그렇기 때문에 사람들은 시간을 별 가치 없고 아무 곳에나 써도 되는 것처럼 하찮게 여긴다.

세네카의 말

시간을 가치 있게 여기지 않고
헤프게 쓰는 사람들

♦ 모두들 기꺼이 임금을 받고 보너스를 챙기며 그에 대한 대가로 노동력과 수고 혹은 서비스를 제공한다. 그러나 그 누구도 시간에 가치를 두지는 않으며, 시간이 아무것도 아닌 것처럼 헤프게 사용하고 있다. 하지만 그 사람들이 병에 걸려서 죽음을 목전에 두면 의사의 무릎에 매달리고 어떻게든 사형 선고를 면하기 위해서 자신의 전 재산을 흔쾌히 투척한다. 이런 행동은 인간 감정의 모순된 부분을 보여주는 것이다.

언제 끝날지 알 수 없으니
시간을 아껴라

✦ 지금까지 살아온 날들을 하루하루 세어볼 수 있듯이 앞으로 남은 세월을 세어볼 수 있다면 앞으로 남은 날이 얼마 없는 사람은 엄청난 두려움을 느끼고 남은 인생을 알뜰히 보내려고 할 것이다. 제아무리 소소한 것이라도 자신에게 주어진 것이 지극히 제한되어 있다면 알뜰히 사용하기 마련이다. 그러니까 언제 끝이 보일지 모르는 인생을 사는 우리들은 더더욱 시간을 신중하게 사용해야만 한다.

31

주어진 시간을
더욱더 소중히 하라

♦ 그렇다고 모든 사람들이 시간의 소중함을 모르고 있다고 단정
해서는 안 될 일이다. 사람들은 입버릇처럼 자신이 가장 사랑하
는 사람을 위해서 인생의 일부를 바치겠노라고 말한다. 그건 시
간에 대해 제대로 알지 못하고 떠드는 이야기다. 자신의 시간을
내어준다는 것은 타인에게는 아무 도움이 되지 않을뿐더러 그저
자신의 것을 떼어내는 것일 따름이다. 어쩌면 무엇을 잃는지 모
르기 때문에 그나마 견딜 만한 것일지도 모른다.

○ 세네카의 인생론

(32)

다시 되돌아갈 수도,
멈출 수도 없다

♦ 그 누구도 지나간 세월을 돌려주지 않으며 당신을 과거로 되돌려놓지 못한다. 우리 인생은 처음 시작점에서 그대로 흘러갈 것이며 다시 되돌아가거나 멈추어 서지도 않을 것이다. 인생이란 정확히 어느 정도 속도로 가는지도 알리지 않은 채 고요하게 흘러간다. 왕의 지시를 받는다고 해서 국민들이 간청한다고 해서 인생이 더해지지도 않는다. 맨 처음 세상에 태어나서 인생을 시작한 대로 시간은 계속 달려가고, 방향을 바꾸거나 한곳에 머물지 않는다.

그 결과는 어떠할 것인가? 우리는 정신없이 분주하고 시간은 계속 흐르고 있다. 그러다 어느 지점에 이르면 원하든 원치 않든 마지막 순간을 맞이해야만 한다.

㉝
다가올 미래를 위해
현재를 버리지 마라

✦ 자신의 선견지명을 떠벌리는 것보다 더 생각 없는 행동이 있을까? 누구나 더 나은 삶을 살기 위해서 정신없이 바쁘게 지내지만 남은 인생을 준비한다는 미명하에 현재의 삶을 소비하고 있다. 먼 미래를 위해 계획을 세우기도 하지만, 인생에서 가장 큰 낭비는 오늘 할 일을 뒤로 미루는 것이다. 이는 자신에게 주어진 하루를 하나씩 내던지는 것이며, 앞으로 다가올 미래 때문에 주어진 현재를 버리는 것이다.

미래에 대한 기대로 사는 것은 현재를 사는 데 가장 큰 장애물이며 내일에 기대어 오늘 하루를 낭비하는 것과 같다. 행운의 여신의 손에 자기 미래를 맡기고 자신의 수중에 놓인 것을 흘려보내는 꼴이다. 앞으로 다가올 미래는 그 누구도 알지 못하는 법이다. 지금 이 순간을 살아라!

세네카의 인생론

(34)

인생의 끝자락에서
알게 되는 것

✦ 여행을 떠난 사람들이 대화를 나누고 책을 읽고 깊이 생각에 잠겨 있다 보면 어느새 목적지에 도달하듯이, 분주하게 하루를 보내고 잠을 자거나 깨어 있는 순간에도 인생은 같은 속도로 빠르게 흐른다. 결국 인생의 끝자락에 이르러서야 이를 깨닫게 될 것이다.

• 세네카의 말

이미 지나간 시간은
돌이킬 수 없다

세네카의 인생론

✦ 인생은 과거, 현재, 그리고 미래의 세 가지 시기로 나뉜다. 그 중에서 지금 우리가 사는 현재는 짧고, 앞으로 다가올 미래는 불확실하며, 이미 지나간 과거는 고정되어 있다. 과거는 이미 지나간 시간이라 운명의 여신조차 힘쓸 수 없다. 제아무리 큰 권력을 가졌다고 해도 과거를 돌이킬 수는 없다.

다른 일에 신경 쓰느라 바쁜 사람들은 과거를 돌이켜볼 시간이 없기에 그 사실조차 놓치고 있다. 만약 그럴 시간이 있다고 해도 후회로 가득한 과거를 돌이키는 일은 그리 유쾌하지만은 않을 것이다.

65

(36) 방해를 받지도, 빼앗기지도 않는 시간

♦ 야망에 휩쓸려 무엇인가 소유하려고 애쓰고, 오만하게 남을 경멸하고 절제하지 못하고 남을 이기려 들며, 음흉한 마음으로 타인을 기만하고 탐욕스럽게 약탈을 일삼고 도에 넘는 낭비를 한 적이 있다면 과거를 떠올리는 것이 두려울 수밖에 없다.

하지만 과거는 이미 봉해진 신성한 시간이며 우리에게 다가올 수 있는 온갖 우연을 넘어서 있고, 운명의 여신의 손이 닿지 않는 곳에 존재한다.

지나간 과거는 빈곤과 두려움, 그리고 느닷없이 찾아오는 질병으로부터 안전하다. 누구의 방해를 받을 수도 없고, 빼앗길 수도 없는 시간인 동시에 위험할 것 하나 없이 온전히 지속되는 시간이다.

현재 우리 앞에 주어진 시간은 하루하루 다가오고 있으며 찰

세네카의 말

나의 순간들이 이어진다. 하지만 과거의 시간은 본인이 의지만 있다면 얼마든지 붙잡아 얼마든지 감상할 수 있다. 물론 분주하게 살아가는 이들은 그럴 시간조차 없을 테지만.

평온한 마음으로
시간을 쉬게 하라

♦ 근심 걱정이 없고 평온한 마음을 가진 사람은 과거의 인생 여정을 마음대로 돌이켜볼 수 있다. 하지만 바쁘게 사는 사람은 무거운 멍에를 뒤집어쓴 것처럼 뒤를 돌아보지도 고개를 숙이지도 못한다. 그들의 인생은 저 깊은 심연 속으로 사라진다.

아무리 많은 물을 쏟아부어도 그 물을 담을 그릇이 없다면 무슨 소용이 있을까? 마찬가지로 아무리 많은 시간을 얻는다고 해도 이를 쉬게 할 곳이 없다면 아무 소용이 없다. 결국 시간은 마음의 갈라진 틈새 사이로 줄줄 흘러내리고 말 테니까 말이다.

(38) 현재의 시간은 쉼 없이 움직인다

♦ 우리 앞에 주어진 현재의 시간은 짧다. 너무 짧아서 시간이 없는 것처럼 보이기도 한다. 현재라는 시간은 항상 유동적이며 강물처럼 빠르게 흐른다. 현재의 시간은 도착도 하기 전에 존재를 멈추고 쉼 없이 움직이며, 하늘과 별들처럼 한곳에 머물지 않으려고 한다.

그렇기 때문에 현재에만 집착하며 바쁘게 사는 사람들은 순식간이라 붙잡을 수 없는 현재의 시간에만 연관되어 있다. 하지만 다른 일들에 마음을 빼앗기기라도 한다면 그조차도 쥐도 새도 모르게 사라져버리고 만다.

여가를 즐기는 와중에도
바쁘게 움직이는 사람들

♦ 지금까지 이야기해온 '온갖 일들로 분주한 사람들'이 누구인지 알고 싶은가? 비단 오후까지 법정을 떠나지 않는 변호사들이나 잘난 척을 하며 지지자들 사이를 비집고 들어가는 자들, 상대편의 지지자들 사이로 야유를 받으며 들어서는 자들만 지칭하는 것은 아니다. 그중에는 여가를 즐기는 와중에도 바쁘게 움직이는 사람들도 있다. 별장에서 혹은 푹신한 소파에서 오롯이 홀로 있으면서도, 다른 사람들로부터 벗어나 있으면서도 그러는 것은 결국 본인이 문제인 셈이다. 여가를 즐기는 것이 아니라 분주함 속에서 빈둥거리는 꼴이 아닌가!

극소수의 수집광들 때문에 값이 치솟은 청동합금으로 만든 그릇을 구석구석 닦고 녹이 슨 구리조각을 정리하느라 하루 종일을 투자하는 자들도 여가를 즐긴다고 볼 수 있을까? 말하기도 부

● 세네카의 말

끄럽지만, 로마의 전통도 아닌 그저 악덕 때문에 고통을 받는 소년들의 결투나 구경하면서 레슬링장에 앉아 있는 자들, 미끈거리는 기름을 바른 레슬링 선수의 나이와 피부색에 맞추어 상대를 정해주는 자들도 여가를 즐기는 것인가? 새로 들어온 선수들에게 먹을 것을 챙겨주는 자들도 여가를 즐기는 걸까?

여가를 즐긴다는 것은
무엇일까?

♦ 그렇다면 이것은 어떠한가? 이발소에서 오랜 시간을 보내며, 전날 밤에 자란 머리칼을 솎아내고 한 뭉치의 머리칼을 놓고 논쟁을 벌이고, 헝클어진 머리칼을 정돈하고 텅 빈 부분을 다른 머리카락으로 가리느라 바쁜 자들도 여가를 즐기는 것인가? 간혹 이발사가 실수를 하는 날이면 사람의 목을 베어버린 사람을 대하는 것처럼 머리끝까지 화를 내고는 한다!

어디 그뿐인가, 덥수룩한 갈기 같은 머리칼이 잘못 잘리거나 제대로 정돈이 되지 않거나 멋이 나지 않으면 분통을 터트리기도 한다.

어쩌면 그들 중 일부는 머리카락이 엉망이 되느니 국정이 엉망이 되는 것을 바랐을지도 모른다! 또 몇몇은 얼마나 많은 지혜를 머릿속에 담고 있느냐보다 겉치장에 신경을 쓰고 점잖은 모

●
세
네
카
의
말

양새보다는 제비처럼 날렵한 차림을 원할 것이다. 빗질이나 거울을 보는 데만 신경 쓰는 자들도 여가를 즐기는 것이라고 말할 수 있을까?

각자의 향연에 몰두한 자들에게
여가는 불필요하다

♦ 곡을 만들고 음악을 감상하고 노래를 배우는 것에 푹 빠져 있는 자들은 여가를 즐기는 것인가? 훌륭하고 단조로운 목소리를 타고났는데도 억지로 음을 바꾸느라 바쁘고, 머릿속에 떠오르는 리듬에 맞추어 끝없이 손가락을 움직이고, 슬픈 일이나 진지한 일로 모인 자리에서도 노래를 흥얼거리느라 분주하다. 그렇게 각자의 향연에 몰두한 자들에게는 여가 시간을 주고 싶지 않을 지경이다.

은 식기들을 가지런히 배열하고, 잘생기고 어린 시동들의 옷매무새를 가다듬어주고, 요리사가 만든 수돼지 요리의 차림새를 살피느라 분주한 자들이 여가를 즐긴다고 말하기 힘들다. 말쑥하게 차려입은 소년들이 자신이 맡은 임무를 처리하느라 분주히 돌아다니고, 생고기를 적당한 크기로 잘라 보기 좋게 배열하고 술에 취한 자들이 뱉어낸 토사물을 시동들이 재빨리 치우는 모습을 보고 나면 여가를 즐긴다고 말하기 힘들다. 그저 남들에게 우아하고 세련된 삶을 살고 있다는 찬사를 듣고 싶은 것뿐이 아닐까? 그런 나쁜 습관은 삶 속에 그대로 파고들어, 마침내 잠시라도 남들에게 뻐기지 않고는 제대로 먹지도 마시지도 못하는 지경에 이른다.

인생의 끝자락에서
깨닫게 되는 것

♦ 지나간 과거를 쉽게 잊고, 주어진 현재의 시간을 소홀히 하며, 미래의 시간을 두려워하는 자들의 인생은 짧고 불안할 수밖에 없다. 가련하게도 그런 자들은 인생의 끝자락에 이르러서야 지금까지 아무 일도 하지 못하고 그저 분주하게만 살았다는 것을 깨닫게 된다.

• 세네카의 말

(43)

죽음을 구한다는 것은
죽음을 두려워한다는 것이다

♦ 그렇기 때문에 그런 자들이 제발 죽게 해달라고 기도를 한다고 해서 그동안 충분히 살았기 때문이라고 착각해서는 안 된다. 워낙 어리석은 자들이라 죽음에 대한 두려움이 커져서 차라리 스스로 죽는 편이 낫지 않을까 생각하며 괴로워하는 것에 불과하기 때문이다. 그들이 죽음을 구하는 것은 사실 죽음을 두려워한다는 것의 반증이다.

충분히 살았다는
생각은 버려라

♦ 하루가 너무 길게 느껴진다고 해서, 저녁 식사 시간이 될 때까지 오래 기다리는 것이 불편하다고 해서 충분히 살았다고 생각해서도 안 된다. 만약 지금의 관심사들이 시들해지고 할 일이 없어지면 몸을 비비 틀면서 남은 시간을 주체하지 못하고 안달할 것이다. 검투사들의 경기 일정을 얼마 앞두지 않고 혹은 볼만한 구경거리나 재미난 일이 생기기를 기다릴 때 시간이 제발 빨리 지나기를 바라는 것과 같은 맥락이다.

45

쾌락의 순간은
너무나 짧고 덧없다

♦ 이처럼 간절히 원하는 일을 미룬다는 것은 굉장히 지루한 일이 될 것이다. 하지만 쾌락의 순간은 너무나 짧고 덧없는 것이며, 소소한 잘못이 더해져 더욱 줄어들기 마련이다. 그들은 하나의 쾌락에 만족하지 못하고 여기저기 기웃거리고 한군데 정착하지 못한다. 그래서 낮이 길게 느껴질 뿐만 아니라 싫어 죽겠다고 느낄 것이다. 반대로 술집에 가서 여자 품에 안겨 술을 퍼마시며 보내는 시간은 너무도 짧게 느껴질 것이다.

46

인간의 악덕에
불 지피지 마라

♦ 잘못된 이야기로 인간들에게 변명거리를 제공하는 광기 어린 시인들에게도 문제가 있다. 시인들은 주피터, 즉 제우스가 애인의 품에 안겨 사랑을 나누고 싶은 욕심이 지나쳐서 밤을 두 배로 늘린 것이라고 표현했다. 이렇듯 신의 이야기를 본보기로 삼아서 그들의 병적인 욕망을 허락하고 용인한다면 인간의 악덕에 불을 지피는 것이 아닐까? 엄청난 대가를 치르고 얻은 밤들이 그들에게는 너무나 짧은 것으로 보이지 않겠는가? 어두운 밤을 기다리느라 낮 시간을 허비했고, 또 밤에는 낮을 기다리며 두려움에 떨 테니까 말이다.

끝날 것이라는 두려움에
사로잡힐 필요 없다

✦ 그런 자들은 쾌락을 즐기면서도 온통 불안하고 두렵기만 할 것이다. 최고로 신이 나야 할 순간에도 불안에 잠겨 이렇게 생각한다. "언제까지 이 시간이 계속될까?"

최강의 권력을 손에 쥔 왕들도 그런 이유로 자신의 신세를 한탄했던 것이다. 왕들마저도 자신이 가진 엄청난 행운을 제대로 만끽하지 못하고 언젠가 끝날 것이라는 두려움에 사로잡혀 살았다.

4장

내 인생에서 오롯이
내 것인 것을
살펴보자

48

우리의 미덕으로
무엇을 할 수 있을까?

◆ 이제 무지한 대중들로부터 벗어나야 한다. 풍랑에 휩쓸리며 온갖 일을 다 겪었다면 다시 잔잔한 항구로 돌아가자. 지금까지 사적인 부분에서 혹은 다른 사람들과 함께하는 자리에서 떠오른 생각 때문에 얼마나 많은 파도를 이겨내야 했고, 얼마나 많은 폭풍에 맞서야 했던가! 지금까지 쉬지 않고 열심히 뛰며 충분히 노력했으니 이제는 여가를 즐기며 우리의 미덕으로 무엇을 할 수 있는지 시험해보라. 우리 삶의 대부분을 국가를 위해 바쳤다면 이제는 남은 일부라도 스스로를 위해 투자하라.

● 세네카의 말

49

쾌락과 나태함은
진정한 의미의 휴식이 아니다

✦ 그렇다고 하는 일 없이 빈둥거리고 나태하게 보내라는 뜻은 아니다. 타고난 재능을 무지한 대중들이나 즐기는 쾌락 속에 묻어버리라는 것도 아니다. 그건 진정한 의미의 휴식이 아니다. 여러분은 지금까지 최선을 다해서 노력했던 일들보다 더욱 큰 목표를 발견하게 될 것이며, 이는 현재의 업무에서 한 걸음 물러나 평온한 마음을 가져야만 성취할 수 있다.

먼저 자기 인생의
창고를 돌아보라

♦ 당신은 온 세상의 자질구레한 일들을 사적인 감정 하나 보태지 않고 자신의 것처럼 꼼꼼하게 양심적으로 처리하고 있다. 그뿐인가! 공직에 오른 자들은 남에게 미움을 사기 마련인데도 충분히 대중에게 호감을 얻고 있다. 하지만 나의 조언을 귀담아들어라. 국가의 창고에 얼마나 많은 곡식이 비축되었는지 가늠하는 것보다 자기 인생의 창고를 돌아보는 것이 우선이다.

51

자신의 인생과
오롯이 내 것만을 보라

♦ 다른 일 때문에 분주한 사람들은 모두 가련한 존재들이다. 그 중에서도 가장 가련한 자들은 자기 일이 아니라 남의 수면 시간에 맞추어 잠을 자고, 다른 사람의 걸음걸이에 맞추어 걷고, 가장 자유로워야 할 사랑과 증오에서도 남의 말에 따라야 하는 자들이다. 만약 자신의 인생이 얼마나 짧은 것인지 알고 싶다면, 내 인생에서 오롯이 내 것인 부분이 얼마나 적은지 살펴보면 될 일이다.

°
세
네
카
의

인
생
론

인생을 희생한 자리를
부러워 마라

◆ 법관의 옷을 입고 돌아다닌다고 해서, 토론장에서 이름이 자주 오르내린다고 해서 부러워할 이유가 없다. 그들은 자기 인생을 희생해서 그 자리를 얻은 것이니까 말이다. 한 해 동안 자기 이름이 널리 알려지게 하려고 앞으로 남은 평생을 희생해야 할 것이다. 그중에서는 오랜 노력 끝에 꿈꾸던 최고의 자리에 오르기도 전에 초반부터 나가떨어지는 자들도 있을 것이다. 또한 셀 수 없는 수모를 겪으며 최고의 권력을 얻고 나면 그럴듯한 묘비명 하나 남기자고 지금껏 생고생한 건가 싶어 비참한 기분이 들수도 있다. 더러는 스스로 노인이 되었다는 사실을 모르고 갖가지 희망찬 계획을 세워 무리하게 일을 벌이다가 우연히 본인의 나약함을 깨닫게 될 것이다.

세네카의 말

자신의 한계가
드러남을 부끄러워하라

♦ 지긋한 나이의 변호인이 생판 남인 소송인의 승소를 위해서 죽어라 변론을 하거나 무지몽매한 청중들의 박수갈채를 얻으려고 기를 쓰다가 재판정에서 죽음을 맞는다면 얼마나 추한 광경일까? 평소 생활습관 때문에 완전히 에너지가 고갈되어서 자기 임무를 수행하던 도중에 쓰러진다면 그 얼마나 부끄러운 일인가? 평생 장부에 적힌 숫자만 세어보던 사람이 세상을 떠나자, 이를 오랫동안 기다려왔던 상속인이 회심의 미소를 짓는 장면 또한 부끄러운 것이 아닐 수 없다.

세네카의 인생론

헛된 희망에 목숨을 거는 건
부질없는 짓이다

◆ 남이 가진 것을 빼앗고 빼앗기면서 서로의 여가를 망치고 불
행하게 만드는 사이에 우리들의 인생은 아무런 소득도, 즐거움
도, 정서적인 발전도 없이 지나가버리고 만다. 그 누구도 저만치
앞에 다가온 죽음에 대해 개의치 않으며 눈에 보이지 않는 헛된
희망에 목숨을 건다. 그리고 죽음 후의 일들, 으리으리한 묘 자
리, 공적인 업적을 기증하는 것, 화장터 옆에서 벌어지게 될 화
려한 검투 경기, 그럴듯한 장례식에 대비하고 있다. 하지만 너무
나 짧은 인생을 살아갔던 자들에게 어울릴 법한 장례식은 뜨거
운 횃불과 촛불만 밝히고 치러져야 마땅할 것이다.

55

인내는
용기와 습관을 알려준다

♦ 인생을 살다가 극도로 어려운 순간에 놓인다고 가정해보자. 자신도 모르게 사적인 이유나 공적인 이유로 함부로 끊어낼 수도 폭발할 수도 없는 경우에 처했다면 어떻게 할 것인가? 감옥에 갇힌 죄수도 처음에는 발목을 묶고 있는 쇠사슬의 무게로 힘들어 하지만 이를 거부하지 않고 묵묵히 견뎌내기로 결심하면 필연은 우리에게 용감하게 맞설 수 있는 법을 가르쳐주고, 습관을 통해 쉽게 견딜 수 있게 해준다. 어떤 종류의 삶을 선택하든 힘든 일을 가볍게 여기고 증오하지 않는다면 언제라도 즐거움과 여유, 그리고 기쁨을 발견할 수 있을 것이다.

(56)

고통은 시간으로
적응할 수 있다

✦ 자연은 인간이 태생적으로 고난을 겪어야 한다는 점을 알고
있다. 그래서 우리로 하여금 습관이라는 것을 체득하도록 만들
어 혹여 엄청난 고통을 받더라도 일정 시간이 지나면 적응할 수
있게 최고의 선물을 준 것이다. 만약 불행이 닥친 순간부터 계속
똑같은 강도로 우리를 괴롭힌다면 누구도 버티지 못할 것이다.

•
세
네
카
의
말

57

인간은 모두
종속되어 있다

♦ 우리는 운명의 사슬에 묶여 있다. 어떤 사람은 느슨한 금 사슬에 묶여 살아가고, 또 어떤 사람은 팽팽한 철 사슬에 묶여 살아간다. 하지만 그 또한 무슨 소용인가?

인간은 모두 똑같은 포로이며, 다른 사람을 묶은 자도 스스로 얽매여 있기 마련이다. 그저 한 손이 조금 더 가벼운 상태일 뿐이다. 누구는 높은 관직에 매여 살고, 또 누구는 부유함에 매여 살고, 어떤 사람은 고귀한 태생의 무게에 눌려 살고 혹은 출신 성분이 미천하다는 이유로 상처받는다. 어떤 사람은 엄청난 권력을 가진 자의 기세에 눌려 살고, 어떤 사람은 스스로 지배하며 산다. 누구는 저 멀리 귀향을 가서 살고 또는 사제가 되어 속세를 등지고 살아간다. 인간은 모두 어딘가에 종속되어 있다.

58

주어진 환경에서
장점을 찾아라

✦ 그렇기 때문에 우리는 주어진 환경에 적응하고, 가능한 불평
불만을 자제하며 주어진 환경 속에서 장점을 찾으려고 노력해야
한다. 제아무리 힘들고 괴로운 일이라고 해도 마음을 다스리면
평온을 얻을 수 있다.

 손바닥만 한 땅도 제대로 활용할 방법만 찾는다면 다양한 용
도로 쓸 수 있고, 좁은 공간도 솜씨 좋게 배분하면 살 만한 공간
으로 만들 수 있다. 고난이 닥치면 이성을 발휘해야 한다. 이성
을 통해 어려운 일을 유연하게 해결해야 한다. 좁은 문도 결국
넓어지고, 무거운 짐도 머리를 쓰면 가벼워지기 마련이다.

세네카의 말

욕망은
결국 허상이다

♦ 우리가 가진 욕망을 저 멀리 떠돌게 하지 말고 되도록 가까운 곳에 두어라. 욕망이란 한군데 묶어두기 힘든 법이다. 아무리 노력해도 이루기 힘든 것들은 포기하고, 조금만 노력하면 될 법한 것들에 집중하라. 다만 욕망이란 모름지기 겉보기에는 저마다 다르게 보이지만 허상에 불과하다는 점을 기억해야 할 것이다.

저만치 높은 곳에 있는 사람을 시기하지 마라. 그들이 서 있는 곳이 바로 낭떠러지인지도 모른다.

더 나은 미래를 위한 노력이
평온함을 만든다

◆ 반대로 불운한 운명 때문에 애매한 위치에 있는 사람들이라면 최대한 오만을 억누르고 본래 자신이 가진 운에 따라 평균을 지키려고 해야 더 안전해질 것이다. 물론 추락하지 않고는 그 자리에서 내려올 수 없어서 억지로 높은 자리를 지켜야 하는 사람들도 많다. 그런 자들은 어쩔 수 없이 남에게 무거운 짐이 되어야하고, 어쩔 수 없이 높은 자리에 못 박혀 있다는 점을 고백해야하기 때문에 부담을 느낀다.

우리는 정의와 온화함, 그리고 친절함, 부드러움과 자애로운선의의 손을 빌려 더 나은 미래를 맞이하기 위해서 노력해야 할것이다. 그렇게 한다면 불안함을 누르고 더 평온한 마음으로 버틸 수 있을 것이다.

한계점에 이르면
스스로 멈춰라

♦ 언제 멈추어야 하는지 우연에 맡길 것이 아니라 그전에 스스로 멈추어야 한다. 그렇게 한다면 온갖 욕망으로 마음에 갈등이 일더라도 우리에게 주어진 한계점을 인지하고 불확실한 것들로 가득한 나락으로 떨어지지 않을 수 있다.

5장

—

운명과
말다툼하지 말고
내려놓자

62

모든 것은 잠시
빌려 쓰는 것일 뿐

♦ 이제 현인이 아니라 완벽하게 인격이 형성되지 않은 경우, 그리고 지극히 평범한 경우에 대해 이야기해보자. 현인은 두려움에 떨며 한 걸음씩 걸을 필요가 없다. 자신감으로 가득 차서 운명의 여신을 마주하는 것을 주저하지 않으며 결코 물러서지 않기 때문이다. 그도 그럴 것이 현인은 자신이 가진 재산과 소유물, 그리고 사회적 지위뿐만 아니라 본인의 몸과 눈, 손, 그리고 스스로를 특별하게 만드는 모든 것, 그 자신까지도 언제든 사라질 수 있는 것이라 여기기 때문이다. 현인은 자신이 가진 모든 것을 잠시 빌려 쓰는 것이라 생각하고 언제든 불만 없이 내려놓을 마음의 준비가 되어 있다.

63

가치 있는 존재는
주어진 모든 의무에 충실하다

✦ 현인은 그 모든 것이 온전히 자신의 것이 아니라는 걸 안다고
해서 스스로를 가치 없는 존재라고 여기지는 않는다. 오히려 신
성하고 헌신적인 사람들이 본인이 지켜야 할 것을 소중히 돌보
듯 주어진 모든 의무에 충실하다.

64

현인은 항상
내려놓을 준비가 되어 있다

◆ 언제라도 가진 것을 돌려달라는 명령이 떨어지면, 현인은 운명에 맞서 반항하지 않고 이렇게 말할 것이다. "지금까지 내가 많은 것을 가지고 누릴 수 있게 해주어 정말 고맙습니다. 내가 가진 모든 것들을 지키기 위해서 엄청난 대가를 치러야 했지만, 운명이 시키는 대로 기꺼이 포기하겠습니다. 이 또한 무한히 감사할 따름입니다."

만약 자연이 우리에게 주었던 능력을 다시 돌려달라고 말한다면 이렇게 답할 것이다. "처음보다 더 고양된 영혼을 다시 돌려드리겠습니다. 나는 주저하지도, 도망치지도 않겠습니다. 자연이 내게 주었던 모든 것을 즐거운 마음으로 돌려드릴 준비가 되어 있습니다."

●
세
네
카
의
말

65

제대로 죽는 법을
알아야 한다

✦ 우리가 왔던 곳으로 돌아가는 것이 뭐 그리 힘든가? 제대로 죽는 법을 알지 못하는 사람은 제대로 살 수도 없다. 그렇기 때문에 죽고 사는 문제에 큰 가치를 두기보다는 생사를 덧없는 것이라 여겨야 한다.

키케로는 이렇게 말했다. "전투에 나선 검투사들이 수단 방법을 가리지 않고 살고자 할 때 우리는 적의를 느낀다. 반대로 죽음 자체를 두려워하지 않는 모습을 보이면 무한한 호의를 보인다. 우리도 그와 똑같은 입장에 처해 있다는 것을 깨달아야 할 것이다. 왜냐하면 죽음에 대한 공포가 때로는 우리를 죽음으로 몰고 가는 원인이 되기 때문이다."

⑥⑥
평온한 죽음을
맞이하는 법

♦ 사악한 운명의 여신은 이렇게 말한다. "왜 그대처럼 천하고 겁 많은 생명체를 살려두어야 하는가? 자기 목덜미를 선뜻 내놓지 못하기에 더 공격당하고 찔려서 다치게 될 것이다. 하지만 겁에 질려 목을 뒤로 빼거나 손으로 막지 않고 대담하게 상대의 칼에 맞선다면 더 오랫동안 살아남아 평온한 죽음을 맞을 수 있을 것이다."

• 세네카의 말

67

죽음을 두려워하면
가치 있는 삶과 멀어진다

♦ 죽음을 두려워하는 자는 절대로 가치 있는 삶을 영위할 수 없다. 하지만 세상에 태어나는 순간부터 스스로 유한한 존재라는 것을 인지하고 주어진 조건에 맞추어 사는 사람은 강인한 정신력으로 단련되어 언제 어디서 벌어질지 모르는 일들에 맞설 수 있다. 언젠가 자신에게 벌어질 수도 있는 일에 대비함으로써 엄청난 불운으로 인한 충격을 경감시킬 수 있는 것이다. 항상 불운에 대비하고 있는 사람은 막상 큰일이 닥쳐도 크게 놀라지 않지만 무사태평하게 운이나 바라며 안일하게 사는 사람은 엄청난 충격을 받을 것이다.

모든 것은
예고 없이 닥친다

◆ 질병이나 감금, 재앙, 화재로 인한 파괴는 그 어떤 것도 예고 없이 닥치지 않는 법이다. 나 또한 자연이 가져온 격동기 속에 살아온 바 있다. 이웃에서 자주 들리던 죽은 자를 기리는 노랫소리, 횃불과 촛불을 켜고 너무 일찍 세상을 떠나버린 넋을 기리던 장례 행렬들을 잊을 수 없다. 가끔은 지축이 흔들리는 소음과 함께 건물이 무너져 내리기도 했다. 토론장에서, 원로 회의장에서, 혹은 사적인 모임에서 나와 함께했던 많은 사람들이 하룻밤 새 죽음의 밤을 건넜고, 우정을 나누며 악수했던 손들과 찰나의 작별을 해야 했다. 언제나 주변에서 맴돌던 위험들이 자신에게 벌어진다고 그렇게 놀랄 일인가?

세네카의 말

일어난 후 대비하려 하면
이미 때는 늦다

♦ 항해를 시작하는 자들의 대부분은 도중에 폭풍우를 만날지도 모른다는 점을 염두에 두지 않는다. 날마다 다른 사람들에게 벌어지는 불행한 일들이 언젠가 우리에게도 닥칠 수 있다는 점을 염두에 두고 살아간다면 불운이 닥치기 전에 대비할 수 있을 것이다. 공격을 당한 후에 대비하려 한다면 이미 때는 늦다.

○ 세네카의 인생론

부유함과 권력 뒤에는
어둠이 있다

♦ "나에게 이런 일이 생길 줄은 몰랐다." 혹은 "나에게 이런 일이 일어났다는 사실이 믿기지 않아!"라고 말한들 무슨 소용이 있을까? 왜 그럴 리가 없다고 생각하는가? 부유함 뒤에는 언제나 궁핍과 빈곤, 구걸이 뒤따르기 마련이다. 관복을 입고 지팡이를 짚고 값비싼 구두를 신은 자들의 뒤에는 불결함이라는 치욕스러운 낙인과 수천 가지의 얼룩, 그리고 극도의 경멸감이 뒤따르기 마련이다. 그 어떤 왕국이 파멸과 전복, 그리고 독재와 사형집행인을 맞이하지 않을 거라고 생각하는가? 이 모든 것들은 서로 멀리 있지 않다. 왕좌에 앉느냐, 아니면 왕좌 아래 엎드리느냐는 간발의 차이일 뿐이다.

세네카의 말

71

누구에게나 일어날 수 있는
불행을 조심하라

✦ 그렇기 때문에 지금 상황이 언제라도 바뀔 수 있다는 점을 깨
닫고 항상 조심해야 한다. 누군가에게 일어날 수 있는 불행은 우
리에게도 일어날 수 있다.

과거 폼페이우스보다 더욱 부유한 사람이 있을까? 오랜 친척
이자 폼페이우스가 살던 집의 새 주인, 가이우스가 그의 집을 부
수고 카이사르의 집을 내주었을 때, 폼페이우스는 당장 마실 물
도 빵도 없는 상태였다. 자신이 가진 영토 위로 흘러서 바다와
맞닿는 강물이 있었지만, 마실 물을 구걸해야 했다. 그렇게 폼페
이우스는 친척이 내어준 궁전 같은 집에서 갈증과 배고픔에 지
쳐 죽어갔다. 그가 배고픔으로 고통받는 사이, 폼페이우스의 재
산을 상속받게 될 장본인은 공식적으로 장례를 치르기 위해 열
심히 준비하고 있었다.

○ 세네카의 인생론

(72) 명망 있는 사람이라도
끝은 알 수 없다

♦ 과거 최고의 권력을 쥐었던 사람도 다르지 않다. 세야누스만
큼 명망 높고 추앙받는 자리에 있었는가? 원로원의 호위 아래 집
으로 귀가한 세야누스는 그날 밤, 수많은 백성들의 손에 찢겨 죽
음을 맞았다. 백성들과 신들이 그에게 엄청난 명예를 주었지만,
그날 이후 티베르 강에 뿌릴 만한 제대로 된 살점 하나 남지 않
았다.

• 세네카의 말

스스로를 불운에
내맡기지 마라

✦ 한 나라의 왕으로 군림했다고? 생전에 자신의 몸을 불태울 화장용 장작더미가 활활 타올랐다가 꺼지는 것을 보았고 자신의 왕국과 본인의 죽음보다 더욱 오랜 세월을 살았던 리디아 왕 크로이소스를 찾아가보라고는 말하지 않겠다. 자신의 왕국을 두려움에 떨게 한 지 일 년 만에 주검으로 전시되었던 누미디아 왕 유구르타를 찾아가보라고도 하지 않겠다.

이렇듯 운명의 여신이 언제 울고 웃을지 모르는 인생을 살아간다면, 우리에게 닥칠 수 있는 모든 경우의 수를 헤아려 보아야 한다. 그렇지 않으면 스스로를 불운에 내맡기는 꼴이다. 그 강력한 불운의 힘을 꺾으려면 미래를 내다볼 수 있어야 한다.

◆◆◆◆

진정 행복한 사람이 누구냐고, 나에게 묻는다면

이성이라는 선물에 감사하며 욕망과 두려움에서

자유로운 사람이라고 답하겠다.

2부

세네카의
행복론

1장

—

무작정 남이 하는 대로 따라 살지 말라

원하는 목표가 무엇인지
정확히 알아야 한다

✦ 모두가 행복하게 살기를 원하지만 정작 무엇이 삶을 행복하게 만드는지는 알지 못한다. 그저 빛을 찾아 더듬거리며 나아갈 뿐이다. 행복한 삶을 성취하기 힘든 이유는 바로 이 때문이다. 행복을 찾기 위한 의지가 강할수록 오히려 잘못된 길로 들어서기 쉽다. 일단 반대쪽 길로 들어서면 목표에서 점점 멀어지기 마련이다.

우리는 먼저 원하는 목표가 무엇인지 정확히 알아야 한다. 그 다음에는 목표를 향해 최대한 빨리 갈 수 있는 길을 찾아야 한다. 일단 올바른 길에 들어선다면 하루하루 어느 정도 왔는지 가늠할 수 있으며, 자연스러운 욕구를 따라서 그 목표까지 얼마나 가까워졌는지 알 수 있을 것이다.

인생 여정은
여타의 여행과는 다르다

◆ 정처 없이 떠돌며 길잡이의 안내도 없이 사방천지에서 들리는 외침에 따라서 걷는다면 온갖 실수 속에서 평생을 살아가야 할 것이다. 아무리 건전한 마음을 가지기 위해서 밤낮 없이 노력한다고 해도 그런 인생은 짧을 수밖에 없다. 그렇기 때문에 어떤 목표를 향해서 나아갈지, 어떤 길로 갈지, 경험이 많은 길잡이의 도움을 받아서 명확히 결정해야 한다. 인생 여정은 여타의 여행과는 많은 부분에서 다르기 때문이다.

보통 여행이라고 하면 그저 잘 알려진 길로 가서 주변 사람들에게 물어물어 찾아가면 될 일이다. 하지만 행복으로 가는 길은 가장 많은 사람들이 지나갔고 널리 알려져 있는 길이 오히려 속임수인 경우가 빈번하다.

그저 많은 사람들이
가는 길로 향하지 않아야 한다

✦ 가장 중요한 것은 우리가 가야 할 길로 가지 않고 목동을 따르는 양떼처럼 그저 많은 사람들이 가는 길로 향하지 않는 것이다. 사람들 사이에 떠드는 루머만 믿고 다들 좋아한다고 해서 맹목적으로 이를 향해 가는 것만큼 우리를 커다란 불행으로 이끄는 일은 없다.

이성을 따르지 않고 남들처럼 그들에게 맞춰진 공식에 따라 사는 것은 피해야 한다. 그렇게 살다 보면 앞 사람이 넘어지고 그 뒤로 줄줄이 넘어진 사람들이 높이 쌓여서 결국 몰락하게 된다.

세네카의 말

군중과 멀찌감치 떨어져
건강한 삶을 회복하자

♦ 사람들이 서로 밀치고 넘어지다 보면 군중 사이에서는 일대 혼란이 벌어진다. 누구든 자기가 쓰러질 것 같으면 주변 사람을 끌어당기기 마련이라 결국 뒷사람까지 함께 넘어져서 파멸하게 된다. 이런 모습은 인생을 살면서 어렵지 않게 목격할 수 있다. 그 누구도 혼자서만 길을 잃고 헤매지 않으며, 다른 사람이 길을 헤매도록 만드는 원인을 제공하기 마련이다. 이 때문에 맹목적으로 다른 사람의 선례를 따르는 것은 해롭기 짝이 없는 일이다.

자기 판단을 따르기보다 앞선 사람을 따라 걷다 보면 제대로 판단하는 법을 배우지 못하고 남의 말만 믿고 싶어진다. 이 같은 선례가 이 사람, 저 사람에게 이어지다 보면 결국 모두가 파멸에 이르고 만다. 그러므로 우리는 무작정 남이 하는 대로 따라 살기보다는 군중과 떨어져 건강한 삶을 회복하려고 애써야 한다.

05

영혼의 눈으로
진실을 찾을 수 있어야 한다

✦ 얼마나 좋은 옷으로 몸을 감싸고 있는지는 전혀 중요하지 않
다. 또한 겉모습만 보고 사람을 판단하지도 말아야 한다. 진실과
거짓을 구분하기 위해서는 마음의 눈으로 바라볼 수 있어야
한다.

영혼의 눈으로 진실을 찾을 수 있도록 하라. 언젠가 영혼이 잠
시 뒤로 물러나 속내를 고백할 수 있는 때가 온다면 다소 자책감
은 들겠지만 이렇게 진실을 고백할 수도 있을 것이다.

"지금까지 내가 했던 일들을 하지 않았더라면 얼마나 좋을까!
지금까지 내가 했던 말을 돌이켜보니, 차라리 벙어리였으면 싶
다. 내가 했던 모든 기도들이 적들의 저주와 같고, 내가 두려워
했던 일들은 알고 보니 대단히 위대한 것들이었다. 많은 이들과
적이 되었지만, 이후 적개심을 버리고 사악한 것과도 우정을 나

누는 것이 가능하리라 믿고 다시 우정을 쌓았다. 하지만 나 자신과는 아직도 적으로 지내고 있다. 수많은 군중 사이에서 눈에 띄고 싶어 죽도록 노력했다. 하지만 그 결과 스스로를 악의에 노출시키고 상처받기 쉬운 틈새를 보인 꼴이 되었구나."

06

눈에 보이지는 않지만
느낄 수 있는 진정한 선

♦ 당신의 발언에 찬사를 보내고 당신이 가진 부유함을 좇고 당신의 호감을 사려고 노력하며 당신의 권력을 칭송하는 자들이 보이는가? 그들은 당신의 적이거나 혹은 적이 될 가능성을 가진 자들이다. 부러움의 눈으로 바라보는 군중 뒤에는 시기심의 얼굴이 도사리고 있기 마련이다.

그렇다면 눈에 보이지는 않지만 느낄 수 있는 진정한 선을 추구하는 편이 어떠한가? 타인의 시선을 끌고 멈추어 서게 하는 것, 입을 떡 벌리고 손가락으로 가리키게 만드는 것들은 겉모습만 그럴싸할 뿐 속이 빈 강정처럼 아무 가치도 없다.

07
인생의 길은
결코 멀리 있지 않다

♦ 우리는 겉만 그럴싸한 것이 아니라 견고하고 균형 있는 것을 찾으려고 노력해야 한다. 이러한 것은 어디로 손을 뻗어야 하는지만 안다면 찾을 수 있다. 하지만 우리는 바로 눈앞에 갈망하는 목표가 있는지도 모른 채 어둠 속을 비틀거리며 걸어가고 있다.

괜히 다른 사람의 의견을 하나하나 나열해서 여러분이 오히려 잘못된 길로 가지 않도록 하기 위해 바로 본론으로 들어가도록 하겠다. 물론 그 의견은 전적으로 스토아학파 철학자들의 의견에 부합한다는 것은 아니다. 나 역시 독자적인 의견을 가지고 있는바, 올바른 길을 제시하기 위해서 그때그때 필요한 견해들을 더하도록 하겠다. 철학자들의 이야기를 함부로 폄하하거나 비난하기보다는 오히려 "그 부분에 대해 더 좋은 의견을 생각해보도록 하겠다."라고 말하도록 하겠다.

08

자연의 본성과
조화를 이루어야 한다

✦ 스토아학파에서 강조하듯, 나 역시 자연이라는 안내자의 중
요성에 무게를 두는 쪽이다. 지혜란 자연에서 벗어나지 않고 자
연의 법칙과 자연이 보여주는 예를 따라서 자신을 형성해나가는
과정이다. 따라서 자연의 본성과 조화를 이루는 것이 바로 행복
한 삶이다.

행복한 삶을 이루려면 첫 번째, 건전한 정신을 가지고 꾸준히
분별을 유지하려는 태도가 필요하다. 두 번째로는 용감하고 활
기가 넘치며 거기에 고귀한 인내와 어떤 상황이 와도 적응하려
는 태도, 신체와 여타의 욕구에 귀를 기울이되 지나치게 집착하
지 않는 태도가 필요하다. 마지막으로 삶의 가치를 고양시키는
것들에 집중하되 과도한 평가를 자제하고, 행운의 여신이 주는
선물을 감사히 받되 노예가 되지 않으려는 자세가 중요하다.

세
네
카
의
말

09

최고의 선이란
무엇인가?

♦ 인간이 가진 선의 개념은 같은 의미를 가진 다른 단어로 표현할 수 있다. 이는 군대가 똑같은 시간에 작전 지역에 배치되지만, 때로는 멀리 떨어진 곳에 때로는 가까운 곳에 자리하고, 때로는 양쪽으로 날개를 펼친 형태로 혹은 중앙을 비운 동그란 원형으로, 아니면 적진을 앞에 두고 직선으로 길게 정렬되어 있는 것과 같다. 병사들이 어떤 형태로 정렬되든지 그 힘은 다르지 않으며, 똑같은 이유로 전투에 임하는 것처럼 인간이 가진 최고의 선이라는 개념도 때로는 조금 크게 확대될 수도 있고, 때로는 압축되어 짧게 표현될 수도 있다.

"최고의 선이란 우연히 벌어지는 일들을 무시하고 미덕을 즐기려는 마음가짐에 있다."라고 말하거나, "최고의 선이란 절대로 흔들리지 않으며, 경험이 풍부하고 차분하게 행동하면서 타인에게 친절을 베푸는 마음의 힘을 말한다."라고 해도 본의는 똑같다.

　다음과 같이 정의할 수도 있다. 선한 것과 악한 것 이외에는 어떤 선이나 악도 존재하지 않는다고 생각하며 사는 사람이 진정 행복한 것이라고. 또한 명예를 귀히 여기며 미덕에 만족하고, 우연히 찾아온 것에 지나치게 우쭐해하거나 기세가 꺾이지도 않고, 스스로 취할 수 있는 선보다 더 위대한 것을 알지 못하며 쾌락을 한낱 헛된 것으로 여기는 사람이 바로 행복한 사람이라고 말이다. 이처럼 생각과 내용은 그대로 두고 의미를 더욱 확장시켜서 최고의 선을 다양한 표현으로 정의할 수 있다.

명예로운 것을 유일한 선으로
여겨야 한다

♦ 행복한 삶이란 독립적이고 곧으며, 두려워하거나 흔들리지 않고, 공포와 욕망이 닿을 수 없는 곳에 있다. 명예로운 것을 유일한 선으로, 치욕스러움을 유일한 악으로 여기며, 그외의 것들은 삶에 영향을 미치지 않기에 최고의 선이 태어나고 사라지는 데 상관이 없으니 아무런 가치가 없는 것으로 여기는 정신 자체를 행복한 삶이라고 말하지 못할 이유가 있을까?

이러한 생각을 바탕으로 하는 사람은 본인의 의지와 상관없이 내면으로부터 진정한 즐거움을 느낄 수 있고, 항상 쾌활하며 진정한 행복을 누릴 수 있게 될 것이다. 자신이 가진 것을 즐길 줄 알고 마음에 있는 즐거움 이상의 것을 욕심내지 않기 때문이다. 그 정도 즐거움이라면 한낱 비천한 육체의 소소하고 일시적인 충동 따위와 충분히 맞설 수 있지 않겠는가?

소소하고 일시적인
쾌락과 고통이 사라져야 한다

✦ 우리를 지나치게 흥분시키거나 놀라게 만드는 것들을 없애버리면 평온과 자유의 상태에 이를 수 있다는 점은 따로 언급하지 않아도 알고 있으리라 믿는다. 일단 소소하고 일시적인 쾌락과 고통이 사라지고 나면, 그 자리에는 견고하고 변함없는 커다란 기쁨이 자리할 것이다. 그 뒤로 평화와 조화로운 마음, 고귀함이 마음속에 피어오를 것이다. 온갖 잔인한 욕구들은 바로 나약함에서 야기되기 때문이다.

12

쾌락을 정복하면
고통도 정복된다

♦ 쾌락을 정복하는 그 날, 고통도 충분히 정복할 수 있다. 주변
에서 흔히 볼 수 있듯이 육체의 쾌락과 고통에 노예가 된 자들은
사악하고 고통스러운 노예 생활을 하기 마련이다. 우리는 그런
무절제한 독재자에게서 탈출해 자유를 쟁취해야만 한다.

○ 세네카의 행복론

13

진정한 선으로 인해 생겨나는
부드러움과 쾌활함

♦ 자유는 행운의 여신에게 무관심할 때만 얻을 수 있다. 그래야
만 평온으로 인한 안락함과 숭고한 정신, 즉 그 가치를 따질 수
없는 정도의 축복을 받을 수 있다. 일단 두려움을 극복하고 나면
진정한 진리를 인지할 수 있고, 이를 통해서 어떤 경우에도 흔들
리지 않는 커다란 즐거움, 그저 소소한 선이 아닌 진정한 선으로
인해 생겨나는 부드러움과 쾌활함을 내보일 수 있게 되는 것
이다.

세네카의 말

(14)

욕망과 두려움에서
자유로워야 한다

✦ 진정으로 행복한 사람이 누구냐고 묻는다면 이성이라는 선물
에 감사하며 욕망과 두려움에서 자유로운 사람이라고 답하겠다.
딱딱한 바위도 두려움과 슬픔에서 자유롭고 농장에서 자라는 가
축들도 자유롭지만, 누구도 이들을 행복하다고 말하지 않는다.
바위나 가축들은 진정한 행복을 인지하지 못하기 때문이다.

자연에 무감하고 자의식이 부족해 무생물이나 다를 바 없는
사람들도 그 안에 포함된다. 그들은 가축이나 다를 바 없다. 가
축은 이성이 없고 무생물이나 다를 바 없는 사람들은 이성을 오
용해 오히려 본인에게 해를 끼치는 방향으로 사용하기 때문이
다. 진리의 경계 너머로 내팽개쳐진 사람들은 그 누구도 행복하
다고 말할 수 없다.

15

운명의 여신이 위협해도
흔들리지 않는다

✦ 진짜 행복한 삶이란 신뢰할 만하고 올바른 판단에 바탕을 두고 있어 어떤 경우에도 흔들리지 않는 것이다. 그때에만 우리 마음에 먹구름이 걷히고 자유로워질 수 있다. 그 결과 심각한 상처나 작은 상처에 다치지 않고, 운명의 여신이 아무리 위협적으로 나온다고 해도 내가 서 있는 자리에서 흔들리지 않을 수 있다.

• 세네카의 말

2장

—

쾌락은 나약하고
쉽게 쓰러진다

16

쾌락의 유혹에
휩쓸리지 않아야 한다

✦ 쾌락은 도처에서 나타나 온갖 사탕발림과 갖가지 수단을 동원
해 우리 마음을 현혹시키려고 애쓴다. 조금이라도 인간적인 부
분이 남아 있는 사람이라면 낮과 밤을 가리지 않고 쾌락에 휩쓸
려 영혼마저 나태해진 상태로 육체를 내팽개치겠는가?

● 세네카의 말

미래에 다가올 쾌락에
미혹되지 않는다

♦ 누군가는 이렇게 말할 수도 있다. "하지만 우리 영혼도 나름
대로 쾌락을 누릴 수 있습니다." 물론 우리 영혼도 나름대로 쾌
락을 누리고 사치와 쾌락을 자기 기준에 따라 평가할 수 있다.
또한 갖가지 감각을 기쁘게 해주는 것들을 마음껏 누리고, 이제
는 사라져버린 쾌락을 반추하고 과거의 경험을 뿌듯하게 돌이켜
볼 수도 있다. 혹은 앞으로 다가올 짜릿한 쾌락을 기대하면서 현
재를 사는 동안 여러 가지 희망을 가질 수도 있으리라.

하지만 그럴수록 영혼은 더욱 비참해지기 마련이다. 좋은 것
을 두고 굳이 나쁜 것을 선택하는 것은 비정상적인 행동이기 때
문이다. 미래에 다가올 쾌락에 정신이 팔려 현재의 삶에서 최상
의 선택을 하지 못하는 자는 정상이 아니며, 비정상적인 행동을
하는 자는 절대로 행복을 얻을 수 없다.

18

이성적으로 판단하고
행동할 수 있어야 한다

✦ 이성적인 판단을 할 수 있는 자는 행복하다. 현재 상황이 어떻든 그것에 만족하고 눈높이를 맞추기 때문이다. 자신이 존재하고 있는 현재 상황에 맞추어 이성적으로 행동하는 사람만이 진정 행복한 사람이다.

세네카의 말

쾌락과 미덕은
완전히 다른 것이다

✦ 최고의 선을 쾌락과 동일선상에 두었던 사람들도 그것이 선에게 얼마나 불명예스러운 자리인지 알고 있다. 그래서 쾌락은 미덕과 따로 떨어져 생각할 수 없는 것이며, 즐겁게 살지 않고서는 명예롭게 살지 못하고, 명예롭게 살지 않으면 즐겁게 살지 못한다고 억지주장을 한다. 하지만 완전히 다른 두 가지의 것을 어떻게 하나의 수레에 담으려고 하는지 전혀 이해되지 않는다.

왜 쾌락과 미덕을 따로 떨어트려 생각할 수 없다는 것인가? 모든 선한 것들이 미덕에서 비롯되며, 우리가 사랑하고 갈망하는 것들이 미덕에 뿌리를 두고 있기 때문인가? 만약 미덕과 쾌락이 분리될 수 없는 것이라고 한다면 어떠한 이유로 즐겁지만 명예롭지 못하며, 반대로 명예롭지만 고통을 겪어야만 힘들게 누릴 수 있는 것이 존재하겠는가?

미덕은 절대로
쾌락을 필요로 하지 않는다

◆ 최고로 수치스러운 삶이라고 해도 그 속에는 쾌락이 존재한다. 하지만 미덕은 사악한 것을 용인하지 않는다. 어떤 사람은 쾌락이 없어서가 아니라 쾌락 그 자체 때문에 불행하게 살아간다. 그렇다면 쾌락과 미덕은 떼려야 뗄 수 없는 관계에 있지 않다는 증거가 아닌가. 때때로 미덕은 쾌락과 함께하지 않으며, 반드시 쾌락을 필요로 하지도 않는다.

미덕과 쾌락을
하나로 합치려 하지 말라

♦ 왜 사람들은 서로 어울리지 않는 것들을 하나로 합치려고 하
는가? 미덕이란 숭고하고 고양된 것이며, 고귀하고 쉽게 쓰러트
릴 수 없으며 지치지 않는 것이다. 반면 쾌락은 저급하고 노예와
같아 나약하고 쉽게 쓰러지며, 허름하고 더러운 술집을 거처로
삼는다.

미덕은 신전과 토론장, 원로들이 모인 회의장에서 쉽게 찾을
수 있다. 때로는 성벽 앞에 서 있기도 하며, 먼지를 뒤집어쓰고
뜨거운 햇볕에 그을린 채 손바닥에 못이 박힌 모습으로 눈에 띄
기도 한다. 반대로 쾌락은 사람들의 시선을 피해서 목욕탕이나
한증막처럼 어두운 곳으로 찾아든다. 대부분 나약하고 힘이 빠
진 상태로, 술과 향수에 절어 진한 화장으로 치장한 채 창백한
모습으로 눈에 띈다.

쉽게 소멸하는 쾌락에는
본질이 존재할 수 없다

♦ 최고의 선은 사신의 손이 닿지 않는 곳에 있고, 끝이 없어 과도함과 후회를 견뎌낼 필요가 없다. 올바르게 서 있는 영혼은 정해진 경로를 이탈하지 않으며, 스스로에게 역겨움을 느끼거나 쉽사리 뒤바뀌지 않고 그 자체로서 완벽하다. 하지만 쾌락은 극도의 즐거움을 느끼는 순간 소멸되어버리고 만다. 쾌락은 넓은 공간을 필요로 하지 않아 재빠르게 공간을 가득 채웠다가도 금세 지치고 힘을 잃기 마련이다.

쉽게 움직이는 것들은 신뢰하기 힘든 법이다. 재빠르게 나타났다가 사라지는 것과 극도의 즐거움을 느끼는 순간 소멸하는 것에는 본질이 존재할 수 없다. 멈추어 서야 할 곳에서 어딘가로 나아가고, 시작하는 순간 끝을 찾으려고 하기 때문이다.

•
세
네
카
의
말

쾌락은 가치 있는
삶의 안내자가 아니다

♦ 쾌락은 악한 것에만 존재하는 것이 아니라 선한 것에도 존재하고 있다. 품위 있는 사람들이 우아한 것에서 즐거움을 찾듯이 불명예스러운 것들은 추악한 자들에게 기쁨을 준다. 그래서 선조들이 쾌락을 올바르고 가치 있는 삶의 안내자가 아니라 한낱 욕망으로 여기고 벗으로 삼아야 하며, 최고로 즐거운 것을 따르기보다는 최선의 삶을 살아야 한다고 말했던 것이다. 따라서 우리는 자연을 인생의 안내자로 삼아야 한다. 인간의 이성은 자연을 따르고 자연에서 조언을 구하기 때문이다.

행복한 삶을 영위하는 것과 자연을 따라 사는 것은 같은 맥락이다. 무슨 뜻인지 하나하나 설명해보겠다.

(24)

쾌락과 욕구의
노예가 되지 않아야 한다

♦ 우리는 타고난 육체적인 본성과 자연의 욕구를 세심하고 용감
하게 지켜내야만 진정 쓸모 있는 것으로 만들 수 있다. 다만 이
것은 우리가 육체적 본성과 자연의 욕구의 노예가 되지 않고, 다
른 것들이 우리를 장악하지 못하도록 하며, 육체적인 쾌락을 주
는 것들과 낯선 것들에게 주도권을 내주지 않고 정해진 자리에
머물도록 할 때만 가능하다.

낯선 것들이 우리를 해하지 못하도록 하고 절대로 물러서지
않으며, 오롯이 자기 인생을 설계할 수 있어야 한다. 다시 말해
자존감을 가지고 최후의 순간에 충분히 대비해야 한다는 것이
다. 그러기 위해서는 지식의 부족함이 없어야 하며, 지식에 바탕
을 두고 결단을 내릴 수 있어야 한다.

• 세 네 카 의 말

최고의 선을 이루면
쾌락의 위협이 사라진다

♦ 이성이 진리를 얻기 위해서는 다른 뾰족한 출발점이 없기 때문에 보통은 감각의 자극을 받아서 다시 내면으로 복귀한다. 온 세상을 품고 우주를 좌우하는 신조차 외부를 향해 나아가지만, 어디로 가든 결국 내면을 향해 돌아오기 마련이다. 우리의 영혼도 그렇게 움직이도록 하라. 감각을 따라서 외적인 것들을 향해 나아갔다가 외적인 것과 스스로를 모두 자신의 것으로 만들 수 있도록 하라.

이런 삶의 방식을 통해서 자신과 조화를 이룰 수 있는 소소한 에너지와 힘이 생긴다. 또한 자아와 대립하는 대신 의구심을 품지 않아도 되는 확고한 의견과 개념 그리고 믿음이 생기게 된다.

이성은 스스로를 조화롭게 하고 다른 모든 것들과 조화를 이룰 수 있게 만들어, 말 그대로 아름다운 화음을 통해 최고의 선을 이룰 수 있게 된다. 그 이후부터는 잘못 뒤틀리거나 이성을 흔들고 위협하며 넘어트리려고 하는 온갖 위협들이 완전히 사라지게 될 것이다.

이럴 때 우리는 마침내 오롯이 자기 의지에 따라서 행동하고, 예기치 못한 위험에 처하지 않을 수 있게 된다. 모든 행동에는 좋은 결과가 따르고, 모든 일은 지체되는 일 없이 순조롭게 술술 해결될 것이다. 주저함과 나태함은 본인의 결심에 자신이 없고 갈등하고 있음을 보여주는 반증이다. 따라서 최고의 선은 바로 영혼의 조화라고 과감히 주장해도 좋다. 조화와 화합이 있는 곳에 미덕이 존재하며, 악덕은 불화를 조장하기 마련이니까.

미덕이 가져오는 쾌락은
그저 덤일 뿐이다

♦ 물론 이런 반론도 제기할 수 있다. "당신도 어떠한 쾌락을 기대하는 마음 때문에 맹목적으로 미덕을 추구하는 것일 수도 있습니다." 설사 미덕이 쾌락을 가지고 온다고 해도 쾌락을 얻기 위해서 미덕을 추구하는 것이라고 할 수는 없다. 만약 미덕이 쾌락을 가져온다면 다른 목표를 추구하다 보니 우연히 쾌락을 덤으로 얻게 되는 것이다.

이는 옥수수를 심기 위해서 들판을 갈아엎었는데, 우연히 그 자리에 아름다운 꽃이 피어난 것과 같은 이치다. 옥수수 씨를 뿌리려던 농부가 일부러 그 어린 꽃을 키우려고 한 것이 아닌데도 자기 의도와 상관없이 덤으로 꽃이 자란 것이 아닌가. 쾌락 또한 미덕으로 인한 보상이나 미덕을 추구하는 원인이 아니라 그저 덤으로 얻는 것에 불과하다. 미덕이 즐거움을 준다고 해서 쾌락을 주는 것이 아니듯 그저 즐거움을 얻기 때문에 더불어 쾌락을 느끼는 것이다.

최고의 선은 이를 선택하는 자세와 마음가짐이 완벽히 조화를 이룰 때 찾을 수 있다. 자신이 정한 목표를 향해서 끝까지 나아가고 정해진 한계를 지킬 때만 최고의 선이 완성되며, 그 이상의 것은 바라지 않아야 한다. 완전체를 넘어선 곳에는 그 무엇도 존재하지 않으며, 최종 한계 너머에는 어떤 목표도 존재하지 않는다.

27

미덕은 오직
그 자체를 바란다

♦ 왜 미덕을 추구하느냐고 질문하는 것 자체가 잘못된 것이다.
그건 최고의 선 너머에 무엇이 있느냐고 묻는 셈이니까. 미덕으
로부터 무엇을 기대하느냐고 묻는 것인가? 미덕은 그 자체를 바
란다. 미덕보다 나은 것은 없고, 그 자체로 충분한 보상이다.

미덕만으로 충분한 보상이 되지 않는다고? 만약 이렇게 대답
한다면 어떠한가? "최고의 선은 절대 양보하지 않는 견고한 영
혼의 본성이며, 그 자체로 선견지명과 숭고함, 건전함, 자유, 조
화와 아름다움을 가지고 있다."

그래도 더욱 그럴싸한 대답을 해달라고 조를 텐가? 왜 쾌락이
라는 저급한 자질을 들먹이는가? 나는 인간의 선을 추구하는 것
이지 육체적인 즐거움을 논하는 것이 아니다. 그 부분이라면 오
히려 소떼나 야생동물을 통해 더 쉽게 규명할 수 있을 것이다.

○ 세네카의 행복론

28

쾌락에 온통 정신을
빼앗긴 채 살아가는 어리석은 이들

♦ 이렇게 반문하는 사람도 있을 것이다.

"제 말을 왜곡하고 계시군요. 제 말의 요점은 명예롭게 살지 않고서는 즐겁게 살 수 없다는 것입니다. 그런데 말 못하는 짐승이나 오직 먹는 것에서만 즐거움을 느끼는 부류의 인간에게는 품위 있게 산다는 것이 아예 불가능한 게 아닌가요? 그렇다면 방금 전에 말했던 즐거운 삶이란 미덕 없이는 불가능한 일이 아닙니까?"

쾌락에 온통 정신을 빼앗긴 채로 사는 자들이 가장 어리석은 바보라는 사실을 모르는 사람이 있을까? 쾌락에는 사악함이 도사리고 있으며, 영혼을 해치는 온갖 저급한 쾌락을 불러오기 마련이다. 예를 들어 오만함과 자신이 가진 장점에 대한 과대평가, 타인을 얕보며 잔뜩 부풀어 오른 자신감, 자기 관심사에 대한 맹목적이고 지각없는 편애, 소소하고 철없는 이유로 불거진 사치, 게다가 세 치 혀와 타인을 모욕하며 느끼는 교만함, 게으름 그리고 매사 느릿느릿 행동하는 영혼의 무기력함 같은 것들 말이다.

29

쾌락을 위해서라면
아무것도 하지 않는다

✦ 미덕은 그 모든 것들을 조각조각 흩어내고 혼쭐을 내어서 섣불리 쾌락을 허용하기 전에 엄격히 평가한다. 만약 미덕이 쾌락을 허락하고 즐거움을 느낀다고 해도 절대로 쾌락을 이용하지 않으며, 이를 미미한 것으로 여겨 최대한 절제하려고 한다. 하지만 절제한다는 것 자체가 쾌락을 감소시키기 때문에 최고의 선에 해로운 영향을 끼치기 마련이다.

보통은 쾌락을 포용하지만 나는 쾌락을 제한한다. 다들 즐거움을 만끽하려 들지만 나는 이를 이용한다. 쾌락을 최고의 선으로 여기는 자들도 있지만 나는 좋을 것이 하나 없다고 본다. 쾌락을 위해서라면 무엇이든 하는 사람도 있지만 나는 아무것도 하지 않는다. 쾌락을 위해서 아무것도 하지 않는다는 것은 우리가 알고 있는 현인들의 경우에도 똑같이 해당된다. 우리는 쾌락

●
세
네
카
의
말

뿐만 아니라 특정한 것에 종속되어 있는 자들을 절대로 현인이라고 칭하지 않는다.

어떤 것, 특히 쾌락에 지배를 받으면서 어떻게 위험과 가난 그리고 온갖 위협에 맞서서 싸울 수 있을까? 그렇게 나약한 적에게도 승리를 내어주면서 어떻게 죽음과 슬픔, 우주가 파멸하는 광경을, 또 잔인한 적들을 대면할 수 있을까?

"그들은 쾌락이 이끄는 거라면 무엇이든 할 것이다."

그 쾌락이 얼마나 많은 것들로 우리를 유혹할지 예상이 되지 않는가?

한낱 쾌락의 뒤를 따르면서
미덕을 논하지 말라

◆ 이렇게 대답할 수도 있다.

"쾌락은 미덕과 연관이 되어 있으니 수치스러운 행동을 권하지는 않을 것입니다."

선을 행하기 위해서 감시자가 필요한 거라면 그것이 과연 어떻게 최고의 선이 될 것인가? 한낱 쾌락의 뒤를 따르면서 어떻게 미덕이 우위에 있다고 볼 수 있을까? 누구의 뒤를 따른다는 것은 복종한다는 뜻이고, 지배한다는 것은 명령을 한다는 뜻일 텐데. 그렇다면 명령하는 자를 뒷자리에 두겠다는 의미인가? 그런 세상이라면 미덕이라는 것 자체가 쾌락을 미리 맛보는 매우 탁월한 역할을 맡게 되는 것이 아닌가!

그런 무례한 대접을 받으면서 미덕이 계속 미덕으로 남을지는 두고 보아야 알겠지만, 일단 자기 이름을 포기하고 나면 더 이상 미덕으로 남을 수 없을 것이다. 그렇다면 본래 주제로 돌아가서 쾌락에 둘러싸여 행운의 여신에게 받은 수많은 선물들을 포기하고 사악한 본성을 드러낸 자들의 예를 나열해보도록 하겠다.

유명한 미식가인 노멘타누스*와 아피키우스**가 말 그대로 바다와 땅이 준 온갖 만찬들을 식탁에 차려 놓고 맛보는 광경을 보라. 장미꽃들로 가득한 침대에 누워서 귀로는 노랫소리를 감상하고, 눈으로는 산해진미를 즐기며, 혀끝으로 음식을 맛보는 자들의 모습을 보라. 부드럽고 따스한 천으로 만든 옷으로 몸을 따스하게 감싸고 온갖 화려한 향기들로 가득한 공기 냄새를 만끽하고 있다. 이런 자들이야말로 진정 쾌락을 즐기고 산다고 말할 수 있으리라. 하지만 최고의 선을 즐기는 것이 아니기에 진정 행복하다고 볼 수는 없다.

---

* 로마의 미식가로 재산을 미식으로 탕진했다.
** 아우구스투스 황제 시대의 유명한 식도락가다.

쾌락과 미덕이 불러오는
완전히 다른 결과들

♦ 누군가 이렇게 대답할 수도 있다.

"많은 잡념들이 영혼을 어지럽힐 테니 그들도 힘들 겁니다. 서로 다른 의견들이 충돌해서 마음이 불안할 테니까요."

나 또한 그 부분에 동의한다. 하지만 그럼에도 멍청하고 변덕스럽고 만날 후회만 일삼는 자들은 짜릿한 쾌락을 맛보고 싶어할 것이다. 본인들은 선으로부터 멀리 떨어진 만큼 갖가지 불안한 마음으로부터 멀리 떨어져 있게 되었다고 주장하겠지만, 오히려 극도의 광기에 휩싸여 입가에 웃음을 머금고 신이 나 있다고 보는 게 옳을 것이다.

그와 반대로 현인들이 느끼는 쾌락은 편하고 절제되어 있으며, 활기가 느껴지지 않고 차분히 가라앉아 있어서 눈에 띄지 않는다. 쾌락은 일부러 부를 수도 없으며, 만약 쾌락이 스스로 다가온다고 해도 쾌락을 느낀 자들에게 큰 환영을 받지도 못한다.
현인들이란 쾌락을 맛보는 순간에도 진지한 인생살이에 다소간
의 농담과 즐거움을 더하듯 마구 뒤섞어버리고 말기 때문이다.

3장

쾌락이 아닌 미덕을
맨 앞자리에 두자

악덕을 지혜로
착각하지 말라

♦ 쾌락과 미덕이라는 서로 어울리지 않는 짝을 애써 결합하려는 노력을 금해야 한다. 그건 사악하기 짝이 없는 자들에게 괜히 잘 보이고 싶은 마음에서 비롯된 행동에 지나지 않는다. 술에 취해서 트림이나 쩍쩍 해대며 쾌락에 찌들어 사는 자들은 본인이 미덕과 함께 살고 있다고 착각하기 마련이다. 미덕과 쾌락이 불가분의 관계에 있다는 말만 듣고 남들에게 꽁꽁 숨겨야 할 악덕을 지혜인 양 오히려 떠벌리고 있는 것이다.

33

쾌락을 찬양하는 것이
위험한 까닭

♦ 에피쿠로스*가 이들을 방종한 습성으로 이끈 것도 아니다. 오
히려 악덕에 중독되어서 쾌락을 누리고 싶은 욕구를 철학이라
꾸며대며, 쾌락을 칭송하는 노래가 들리는 곳으로 달려가고 있
는 것이다. 또한 에피쿠로스가 말했던 '쾌락'이라는 것이 얼마나
진중하고 극기심이 내재된 것인지 모르고, 그저 쾌락이라는 단
어 하나만 보고 자신의 욕망을 감싸주고 정당화시켜줄 방패막
을 찾아서 날아든 것이다.

종국에는 사악한 삶을 살면서 유일하게 간직하고 있던 선이나
잘못을 저지르고 있다는 것에 대한 두려움마저 사라지고 만다.
과거에는 얼굴을 붉히며 부끄러워하던 일도 이제는 찬양을 받으
며 스스로 악덕을 자랑스러워하는 지경이 되었다.

수치스러운 방탕함이 명예로운 이름을 부여받은 이상 젊은이

들조차 기백을 되찾지 못하게 되었다. 쾌락을 찬양하는 것이 위험한 까닭은 바로 우리에게 좋은 가르침을 주는 것은 속으로 숨어버리고 썩어빠진 것만 겉으로 드러나기 때문이다.

• 고대 그리스의 철학자로 원자론에 기초를 둔 에피쿠로스학파를 창시했다.

34

그동안 자신이 살아온 세월을
쾌락이라고 믿는 사람들

✦ 그렇다면 진실은 무엇일까? 아무것도 하지 않고 게으르게 욕정만을 쫓으며 사는 자들이 '행복'이라는 허울 좋은 미명 아래 본인의 사악한 행동을 감추고 싶었던 것이다. 그래서 진짜 쾌락이 아니라 그동안 자신이 살아온 세월을 쾌락이라고 믿고 싶은 것에 불과하다. 일단 적당한 스승을 찾고 나면, 다시 말해 그 스승이 가르치는 이론과 본인이 저질러온 악덕이 일치한다고 생각되면 이제는 숨어서 악덕을 추구하기보다 한껏 뽐내며 욕정을 탐닉하게 된다. 그래서 나는 스토아학파에서 주장하듯 에피쿠로스의 쾌락 이론이 수치스러운 행동을 가르친다는 것에 동의하지 않는다. 그보다는 에피쿠로스도 억울하게 오명을 쓰고 있다고 감히 말하고 싶다.

에피쿠로스학파에 직접 몸담지 않고서 어찌 그들을 섣불리 판단할 수 있으랴? 하지만 겉모습만 보면 삐뚤어진 희망을 주고 나쁜 평판을 불러일으키기 쉽다. 마치 건장한 사내가 여자 옷을 걸치고 있는 모습이랄까. 건전한 마음은 그대로이고 정력적이며 어떠한 것의 지배도 받지 않지만, 손에는 방종의 상징인 탬버린을 들고 있는 모양새인 것이다.

그러므로 우리는 명예로운 모토를 향해 나아가며 영혼을 고풍스럽게 가꾸는 이름을 선택해야만 한다. 그가 주장하는 '쾌락'이란 이름 주변에는 온갖 악덕들이 덕지덕지 달라붙어 있을 뿐이다.

35

쾌락을 추구하는 사람들의
공통된 특징

♦ 미덕을 추구하는 사람들은 품격 넘치는 자연의 본보기를 보이기 마련이다. 반대로 쾌락을 추구하는 사람들은 기력이 쇠하고 부서져 진정한 남성성을 잃고 치욕스러운 모습으로 빠져드는 것처럼 보인다.

자연스러운 욕구 속에서 추구하는 쾌락과 아무리 채워도 만족할 수 없는 치욕스러움 속으로 빠져드는 쾌락을 누군가 정확히 구분해주기 전까지는 그럴 수밖에 없을 것이다.

○ 세네카의 행복론

36

미덕이 모두를
이끌 수 있도록 하라

✦ 이제부터 미덕이 모두를 이끌 수 있도록 하라. 그러면 내딛는 모든 발걸음이 안전해질 것이다. 과도한 쾌락은 해로울 수 있지만 미덕 자체에 절제가 깃들어 있으니 조금 과하더라도 해로움을 걱정할 필요가 없다. 혹여 자기 몸이 커질까 두려워하는 것은 진정한 선이 아니다. 이성적인 본성을 타고난 존재에게 이성보다 더욱 값진 안내자가 있을까?

만약 이러한 결합 자체가 마음에 들지 않고 이성과 더불어 행복을 향해 나아가고 싶지 않다면, 미덕이 길을 이끌고 쾌락으로 하여금 그림자처럼 주위를 맴돌며 함께 걸어가는 방법을 선택하라. 가장 숭고한 미덕에게 쾌락의 하녀 노릇이나 하도록 만드는 것은 숭고함이라고는 전혀 모르는 미천한 인간이나 할 법한 짓이다.

미덕이 맨 앞자리에서
기준점을 잡도록 하라

✦ 미덕이 맨 앞자리에서 기준점을 잡을 수 있도록 하라. 그렇다고 쾌락을 포기했다는 의미는 아니다. 그저 미덕이 주인이 되어 쾌락을 조절하도록 만드는 것일 뿐이다. 쾌락은 우리에게 간청할 수 있지만 강요할 수는 없다. 반대로 쾌락에게 맨 앞자리를 내어준 자는 두 가지 모두를 잃게 될 것이다. 먼저 미덕을 잃게 될 것이고, 쾌락을 누리는 것이 아니라 쾌락에 종속되고 말 것이다. 그러다 쾌락이 지나치면 숨이 막힐 것이고, 쾌락이 부족하면 고통을 겪게 될 것이다.

쾌락에게 버림받으면 비참한 꼴이 되고, 쾌락이 넘쳐나면 더더욱 비참한 꼴로 전락하고 만다. 파도에 휩쓸리거나 해안에 휩쓸리기도 하고, 성난 파도에 휘말려가는 선원의 처지로 몰락하고 마는 것이다.

(38)

쾌락을 섬기는
노예로 전락하지 말라

♦ 평소 욕구를 절제하지 못하고 맹목적으로만 추구하다 보면 쾌
락에게 버림받는 결과를 낳게 된다. 선이 아닌 것을 추구하는 자
가 야망을 이룬다는 것 자체가 위험천만하기 때문이다. 목숨을
걸고 힘들게 맹수를 포획하지만, 맹수를 붙잡아두면 오히려 위
험천만한 소유물이 되는 것처럼 말이다. 맹수들은 때로는 주인
조차 갈기갈기 찢어버리기 마련이다.

　엄청난 쾌락을 좇는 자들은 결국 커다란 곤경에 빠지게 되고,
자신이 잡았다고 생각한 것들에게 오히려 붙잡히고 만다. 쾌락
이 더욱 커지고 불어나서 행복해보이는 사람일수록 실제로는 더
위축되어서 결국 쾌락을 섬기는 노예로 전락하고 만다.

●
세
네
카
의
말

쾌락을 위해
영혼을 팔아넘기는 사람들

◆ 쾌락의 노예가 된 아둔한 자들을 더 상세히 비유해보면, 사냥꾼이 자기 의무와 중요한 일까지 제쳐두고 야수들의 뒤를 쫓은 뒤 올가미를 던져 야수를 붙잡고 사냥개를 풀어 드넓은 숲을 에워싸는 것과 같은 모습이다. 이처럼 쾌락을 추구하는 자들은 쾌락의 배를 채우기 위해서 자신의 자유의지를 바치고, 본인을 위해 쾌락을 사는 것이 아니라 쾌락을 위해 자신을 팔아넘기는 꼴로 전락한다.

미덕과 쾌락이 결합된 것은
최고의 선이 될 수 없다

♦ 이런 질문도 나올 수 있다.

"하지만 미덕과 쾌락이 하나로 합쳐져 최고의 선을 이룩하게
된다면, 그리하여 명예로운 것과 즐거운 것이 똑같아질 텐데 대
체 무엇을 방해한다는 뜻입니까?"

물론 명예로운 것의 일부를 떼어낸다고 해도 그 속성 자체가
명예로운 것이라 상관없지만, 최고의 선에 조금이라도 불손한
것이 포함된다면 그 자체의 순수성은 사라지고 만다.

비록 미덕으로부터 떨어져나온 즐거움이 선한 것이기는 하지
만 절대적인 선의 일부는 아니며, 본질적으로 고귀한 것에서 파
생된 것이라고 해도 즐거움과 평정심 그 이상이 될 수 없다. 왜
냐하면 그것이 선한 것일지는 몰라도 최고의 선에 부합할 뿐, 완
벽하지는 않기 때문이다.

소소한 쾌락에 흔들리는 건
미덕이 될 수 없다

✦ 미덕과 쾌락을 평등하지 않은 상태로 결합시키는 자는 선의 강한 부분을 떼어내 다른 나약함에 가져다 붙이는 식이 될 수밖에 없다. 자유는 그보다 더 소중한 것이 없다는 사실을 깨달을 때만 완벽해지기 때문이다. 그 결과 자유는 행운의 여신의 도움 없이는 견딜 수 없게 되고 그 자체로 자유를 빼앗기는 것이다. 결국에는 불안과 의심 그리고 두려움으로 가득 차서 '행여 예기치 못한 불운이 닥쳐 모든 게 바뀌면 어쩌나' 하고 근심걱정으로 가득한 삶을 살게 된다.

이는 견고하고 흔들리지 않는 곳 대신 불안하고 흔들리는 밑바탕 위에 미덕을 세워두라고 명령하는 것과 같다. 행운의 여신에 대한 기대, 육체에 온갖 영향을 주는 다양한 변화보다 더욱 불안정한 것이 어디 있으랴? 소소한 쾌락과 고통에도 흔들린다면, 어떻게 신에게 복종하고 어떠한 일도 흔쾌히 받아들이며, 불평불만 없이 운명에 순응하고 본인의 불운을 진실한 마음으로 해석할 수 있을까? 쾌락을 추구하는 자는 고향을 지키는 수호자나 승자가 될 수 없으며, 제일 친한 벗을 변론할 수도 없는 법이다.

미덕의 계단을 올라서야만
최고의 선이 가능하다

✦ 최고의 선은 반드시 높은 곳에 자리해야 한다. 그 어떤 폭력·고통·희망·공포도 최고의 선을 움츠리게 만들지 못하도록. 하지만 그 높은 곳으로 가는 것 또한 미덕을 통해서만 가능하다. 미덕의 계단을 올라서야만 가장 높은 자리에 오를 수 있다. 그 결과 어떤 일이 생겨도 용감하게 참고 견뎌내며, 인내심을 가지고 맞서 싸울 수 있다.

또한 모든 고난이 자연의 법칙에 따른 것임을 깨달을 수 있을 것이다. 그러면 결국 용감한 전사처럼 아픈 상처의 개수를 세고 참아내며, 날카로운 무기에 맞아 죽어가면서도 자신을 다스려온 미덕을 위해서 기꺼이 목숨을 바치고 '신을 따르라'는 오래된 격언을 가슴속에 새길 것이다.

인생의 장애에 부딪혔을 때
지나치게 흥분하는 사람들

♦ 불평불만을 일삼고 울며불며 신음하는 자들은 자기 의사와 상관없이 억지로 명령을 수행하기 위해서 이끌려가는 꼴에 불과하다. 자기 발로 따라나서지 않고 억지로 끌려간다는 것이 제정신으로 가능한 것인가? 무언가 부족함이 있다거나 어떤 가혹한 일 때문에 고통을 겪는다고 해서, 아니면 착한 사람들과 혹은 나쁜 사람들이 질병이나 죽음, 육체적인 불구 혹은 인생을 살아감에 있어 어떤 장애물을 만났다고 해서 지나치게 흥분하고 후회한다면 그 또한 어리석고 바보 같은 짓이 아닐까?

㊹

가혹한 운명 앞에서도
결코 당황하지 말라

✦ 우주의 법칙이 흘러가는 결과로 인해서 고통을 겪어야 한다면 마땅히 참고 이겨내야 할 것이다. 인간의 힘으로는 도저히 피할 수 없는 가혹한 운명 앞에서 당황하지 않고 참고 견디는 것은 우리가 엄숙히 선서했던 바가 아닌가. 우리는 신의 지배 아래 세상에 태어났고 신에게 복종하는 것은 결국 우리의 자유의지에 따른 것이다.

진정한 행복은
미덕 안에 존재한다

♦ 진정한 행복은 미덕 안에 존재한다. 미덕이 우리에게 어떤 조언을 할 것인가? 미덕이나 악덕으로 인한 결과물이 아닌 것은 절대 선이나 악으로 여겨서는 안 된다고 대답할 것이다. 그리고 악을 마주하거나 선을 즐기게 되더라도 가능한 한 신을 닮기 위해 노력해야 한다고 말할 것이다.

그렇게 사는 것에 대한 대가로 미덕은 무엇을 약속할까? 신들이나 누릴 법한 엄청난 축복을 줄 것이다. 그 어떤 것에도 종속되지 않으며, 아무 부족함 없이 마음껏 자유를 누리고 안전한 가운데서 어떠한 해도 입지 않을 것이다. 헛된 시도를 하지도 않을 테고 방해받는 일도 절대 없을 것이며, 모든 것이 우리 소망대로 이루어지고 적대적인 일을 겪지도 않으며, 기대와 희망에 어긋나는 일은 벌어지지 않을 것이다.

세네카의 말

미덕 하나면 행복한 삶을
사는 데 충분하다

◆ 그렇다면 미덕 하나면 행복한 삶을 사는 데 충분한 것일까? 미덕이 완벽하고 신성한 것이라면 어찌 부족함이 있으랴? 그 정도면 충분하지 않은가? 우리가 소망하는 것 이상을 얻을 수 있다면 무엇이 더 필요할까? 필요한 모든 것을 자기 안에 가지고 있다면 그 이외에 더 필요한 것이 있을까?

하지만 미덕을 추구하고 충분히 성장했다고 해도 운명의 여신이 친절을 보이는 것 정도는 필요할 수 있다. 그리고 인간으로서 맺고 있는 유한한 매듭을 풀 수 있을 때까지 인생과 맞서 싸워야 할 것이다.

4장

—

완벽하지 않기에
나의 악덕을 곱씹다

왜 실제 삶이 아닌 말로만
미덕을 외치는가!

♦ 평소 철학에 대해 이런저런 불평을 토로하던 자들이라면 이런 질문을 던질 수도 있다.

"그렇다면 왜 실제 삶이 아닌 말로만 용감하게 떠드는 것입니까? 왜 지위가 높은 사람에게 아첨을 하고 돈을 필수적인 것으로 생각하고, 손해를 입으면 속상해하고 아내나 친구가 세상을 떠났다는 소식에 눈물을 짜고, 남들의 평판에 귀 기울이고 나쁜 소문을 들으면 기분 나빠합니까?"

"어떤 이유로 당신의 농장은 필요 이상으로 잘 가꾸어져 있습니까? 왜 정해진 식단대로 식사를 합니까? 왜 온갖 가구들이 번쩍번쩍 빛이 납니까? 왜 당신 나이보다 더 오래된 와인을 손님들에게 대접하지요? 왜 금으로 된 식기를 사용합니까? 그늘을 제공하는 것밖에 하는 일이 없는 나무를 왜 심었습니까? 왜 당신의 아내는 집 한 채 값과 맞먹는 값비싼 귀걸이를 차고 다니지요? 왜 당신 집에서 일하는 사람들이 고급스러운 옷을 입습니까? 왜 당신 집에서 식사를 기다리는 것 자체를 즐거워하며, 아무렇게나 식기를 배열하는 대신 질서정연하게 배열하고 음식을 썰어주는 사람을 따로 둡니까?"

"왜 해외에도 재산을 가지고 있습니까? 왜 처음보다 많은 것을 가지려 합니까? 참으로 부끄럽게도, 본인이 기억도 하지 못할 정도로 많은 하인들을 거느리고 있나요? 그 자체가 낭비 아닙니까?"

(48)

하루의 잘못된 행동에서
악함을 곱씹어본다

✦ 따끔한 지적을 겸허히 받아들이고 나중에 스스로 충분히 반성
해보겠지만, 지금으로서는 이런 대답을 하고 싶다.

"나는 현인이 아니다. 더 비난을 받을지는 몰라도 절대로 현인
이 되지 못할 것이다. 그러니 나를 최고의 현인들과 견주지 말고
차라리 악랄한 자보다 나아지라고 말하기를 바란다. 하루하루
내 자신의 잘못된 행동 속에서 악함과 과오들을 곱씹어보는 것
만도 충분히 벅찬 일이니까.

나는 지금까지 완벽히 건강하지 못했고 앞으로도 그럴 것이
다. 지금도 통풍으로 고생하고 있어 치료약을 구하기보다는 조
금이나마 고통을 더는 것에 만족하고 있다.

앞으로 조금 덜 아프고 드물게 고통받는다면 나는 그것으로
만족할 것이다. 하지만 나약한 자들에 비하면 나는 운동선수나

다름없다. 지금까지 내가 말한 모든 것들은 여전히 사악한 것들 사이에서 살아가는 나 자신이 아니라 최고의 경지에 오른 사람들의 입장에서 충고하는 것임을 기억해주기를 바라는 바다."

49

제일 먼저 나의 악덕을
곱씹어보려고 한다

◆ "그럼 말과 행동이 다른 거군요."라고 누군가 말할 것이다. 그렇다면 나는 이렇게 대답하겠다.

"가장 고귀한 것들을 무조건 비난하기 바쁜 사악한 자들은 들으라. 그대들이 말하는 것은 과거 플라톤, 에피쿠로스, 제논* 또한 들었던 것들이다. 그들 또한 자신이 어떻게 살고 있는지가 아니라 우리가 어떻게 살아야 할지에 대해 말한 바 있다. 내가 말하려는 것은 미덕에 대한 것이지 나 자신에 대한 것이 아니다. 내가 악덕을 비난하려고 할 때는 제일 먼저 나 자신의 악덕을 곱씹어보려고 한다. 앞으로도 가능한 한 올바른 방식으로 살려고 노력할 것이다.

아무리 강력한 독설이 가득한 악의를 보인다고 해도 최상의 것을 위해 살려는 나를 끌어내리지는 못할 것이다. 당신은 그 독

•
세
네
카
의
말

으로 스스로를 죽이고 또한 다른 사람들까지 죽이려고 하지만, 살고자 하는 인생을 향해 나아가려는 나의 마음과 미덕을 찬양하며 저 멀리서부터 차근차근 가고자 하는 나를 그 무엇도 방해하지는 못할 것이다."

• 준엄한 도덕주의와 엄격한 의무 준수를 주장하는 스토아학파를 창시했다.

50

악의로 가득한 잣대를
들이대면 안 된다

◆ 과거 루틸리우스와 카토도 악의에 찬 공격으로부터 안전하지
못했는데, 그 어떤 것이 안전할 수 있을까? 악의로 가득한 잣대
를 들이댄다면 견유학파*의 대표적인 철학자인 데메트리오스조
차 그들의 기준에서는 지나치게 부유한 것이 될 것이다. 그 기준
에서 보면 누군들 성에 찰 것인가?

　자연의 온갖 욕구와 맞서 싸우며 엄격한 삶을 살아왔고, 견유
학파의 다른 철학자들에 비해 많은 것을 포기하고 소유욕까지
억제하며 살았지만, 데메트리오스조차 당신 기준에는 충분히 극
빈하지 못했다고 판단한 바 있다. 그는 미덕에 대한 지식을 널리
알렸을 뿐만 아니라 빈곤에 대한 것도 가르쳤던 철학자였다.

●
세
네
카
의
말

• 안티스테네스가 창시한 그리스 철학의 한 파로 무욕(無慾)과 정신적 독립을 이상으
로 삼았다.

51

나는 운명이 정해준 길을 향해서 떠난다

♦ 에피쿠로스학파의 철학자 디오도로스가 스스로 목숨을 끊은 것도 스승인 에피쿠로스의 가르침을 따르지 못한 행동이라고 말한다. 이를 미친 짓이라고 하는 자들도 있고, 무모하다고 보는 자들도 있다. 하지만 그는 아무 거리낌 없이 행복함을 느끼며 마지막 증언을 남기고 생을 마감했다. 디오도로스는 안전한 항구로 가서 돛을 내렸고 여러분이 듣기 싫어할 수 있는 마지막 말을 남겼다.

"이제 내 삶은 끝이 났고 이제 나는 운명이 정해준 길을 향해서 떠난다."

52

현인들을 비난하는
사악한 자들의 악행

✦ 현인들의 삶이나 누군가의 죽음은 악의에 찬 무리들의 입에 오르내리기 마련이다. 그뿐인가. 탁월한 업적을 세워 위대한 명성을 얻은 자들을 두고 이방인을 마주한 개처럼 짖어대기 바쁘다. 타인의 미덕은 악의에 가득 찬 자들이 저지르는 온갖 사악한 행동에 대한 비난이기 때문이다. 이 때문에 그들은 다른 사람들을 나쁘게 끌어내려야만 직성이 풀린다. 질투에 눈이 멀어서 고귀한 것들과 자신의 오명을 비교해보지만, 스스로에게 얼마나 큰 해악이 될지는 미처 알지 못한다.

만약 미덕을 찬양하는 자들이 그토록 탐욕스럽고 욕심이 많으며 야망에 눈이 멀었다면 미덕이라는 이름 자체도 싫어하는 자들은 대체 어느 정도란 말인가? 그들은 말만 번드르르할 뿐, 그말을 제대로 지키며 사는 사람은 없다고 주장한다. 수없이 많은 풍랑을 견디고 살아남은 위대한 자들을 용감하고 대단하다고 말하는 것이 뭐 그리 놀라운 일인가?

현인들은 십자가에서 벗어나려고 애쓰지만, 사악한 자들은 자기 손에 못을 박고 있는 꼴이다. 현인들은 처형장으로 끌려가서 십자가 하나에 못 박히고 말지만, 스스로를 벌주는 사람들은 그들이 쫓는 쾌락만큼 많은 십자가에 박혀 산산이 찢겨나간다. 게다가 남들을 헐뜯는 걸 좋아해서 타인에게 모욕을 주려고 할 때는 재치가 넘친다. 십자가에 매달린 채로 주변에 몰려든 자들에게 침만 뱉지 않아도 언젠가 그 악행을 멈출 수 있다고 믿고 싶은 심정이다.

⟨53⟩

철학의 추구만으로도
칭찬받아 마땅하다

♦ "철학자들은 자신이 연설한 내용을 스스로 실행에 옮기지 않습니다."라고 말할 수도 있다. 하지만 철학자들은 연설을 통해 숭고한 영혼의 예를 제시함으로써 본인의 몫을 해내고 있다. 언제나 말과 행동을 일치시킬 수 있다면 그 행복의 기준은 가히 최고치에 이르지 않겠는가? 그렇다고 해서 숭고한 말과 가치 있는 생각으로 가득 찬 마음까지 경멸할 이유는 없다. 설사 실행에 옮기지 못한다고 해도 가치 있는 학문을 추구한다는 것만으로도 칭찬받아 마땅한 일이다.

비록 넘어지더라도
위대한 것을 추구하는 자들

♦ 가파른 경사를 오르는 사람이 정상을 정복하지 못한다고 해서 그리 놀랄 일은 아니지 않은가? 진정한 인간이라면 비록 넘어지더라도 위대한 것을 추구하는 자들에게 존경심을 보이는 것이 마땅한 일이다. 매우 높은 목표를 설정하고 본인이 가진 힘보다 본성의 힘을 믿으며 엄청난 의지를 가진 자만이 실현할 수 있는 원대한 계획을 가진다는 것만 해도 대단히 위대한 일이다.

○ 세네카의 행복론

내가 가진 것이
모든 이들의 것이라고 생각한다

♦ 그들이 세운 이상은 다음과 같을 것이다.

"나는 죽음을 귀로 전해 듣는 것처럼 죽음을 떳떳이 관망할 것이다. 강한 정신력을 바탕으로 육체에 힘을 얻을 것이기 때문에 아무리 힘든 일이라도 반드시 해내고 말 것이다. 나는 돈이 많거나 적거나 상관없이 부에 개의치 않을 것이다. 부유함이 멀리 있다고 해서 아쉬워하지 않고, 내 주변이 부유함으로 번쩍인다고 해서 으쓱거리지도 않을 것이다. 행운의 여신이 가까이 오거나 멀리 가거나 미동하지 않을 것이다. 또한 모든 토지를 나의 것이라 생각하고, 내가 가진 것은 모든 이들의 것이라 생각할 것이다. 나는 타인에게 도움을 주기 위해서 태어났다고 생각하며 살아갈 것이고, 나를 태어나게 해준 자연의 섭리에 감사할 것이다. 자연보다 더 나에게 도움이 되는 것이 어디 있을까?"

세네카의 말

세상의 이목이 아닌
양심에 따라 행동한다

♦ 그들이 세운 이상은 다음과 같을 것이다.

"내가 가진 재산이 어느 정도이건, 지나치게 인색하게 지키려고 들지도 않을 것이고, 정신없이 탕진하지도 않을 것이다. 그 모든 것은 나의 소유물이 아니라 그저 현명함의 선물을 받은 거라 생각할 것이다. 또한 숫자나 무게가 아니라 선행을 받을 만한 자격이 있느냐에 따라 베풀 것이며, 가치 있는 사람이 받은 것을 두고 지나치다고 여기지도 않을 것이다. 남들의 이목에 따라 행동하지 않고 오직 양심에 따라 행동할 것이다. 비록 내 행동을 보는 사람이 나뿐이라고 해도 로마의 국민 모두가 지켜보고 있다는 마음으로 행동할 것이다."

선한 양심과 고귀한 염원을
진정으로 사랑한다

♦ 그들이 세운 이상은 다음과 같을 것이다.

"음식을 먹고 마시는 것은 자연의 욕구를 충족하는 것이지 단순히 배를 채우기 위한 것이 아니다. 친구들에게는 기쁨을 주고 적들에게는 관용을 베풀 것이다. 또한 타인이 관용을 구하기 전에 먼저 베풀고, 예의바른 청을 받으면 기꺼이 도움을 줄 것이다. 전 세계를 고향으로 여기고, 신들이 세상을 주관하고 계심을 기억하고, 저 위에서 나의 행동과 말 하나하나를 날카로운 눈으로 지켜보고 있음을 잊지 않을 것이다. 언제든 자연의 섭리에 따라서 숨을 거두어야 하는 순간이 오거나 혹은 이성의 목소리가 목숨을 내놓아야 한다고 말하면 순순히 따를 것이다. 그리고 나는 선한 양심과 고귀한 염원을 진정 사랑했으며, 나 자신은 물론 어느 누구의 자유도 침해하지 않았노라고 증언할 것이다."

58

거사를 이루려고 했으나
아쉽게 추락한다

♦ 이러한 이상과 결심을 품고, 희망을 가지고 신들이 있는 곳으로 여행하는 사람이라면 자신의 여정을 완전히 끝마치지 않았더라도 이렇게 말할 수 있을 것이다.

"거사를 이루려고 했으나 아쉽게 추락하고 말았다."

선한 자들에게 상처를
남기려는 이들의 말로

✦ 악덕을 추종하는 무리들이 미덕과 미덕을 알리는 자들을 미워한다는 것은 그리 놀랄 일도 아니다. 병이 든 눈은 따가운 햇살을 두려워하기 마련이고, 야행성 동물들은 해가 뜨면 정신없이 어두운 곳을 찾아 헤매고 구멍 속으로 들어가서 밝은 낮을 피하려고 한다.

사악한 자들이여, 선한 자들을 욕보이면서 그대들의 가련한 혓바닥을 마음껏 흔들고 입을 벌려 있는 힘껏 깨물어보라. 선한 자들에게 상처를 남기기도 전에 이빨이 부러지고 말 것이다.

5장

—

부의 노예가 아닌
주인이 되자

부를 완전히 등한시하라는
뜻은 아니다

♦ "어떠한 이유로 철학에 헌신하면서 여전히 부를 누리며 사는 것입니까? 왜 재산을 가지지 않아야 한다고 주장하면서 정작 본인은 재산을 가지고 있지요? 왜 건강을 하찮게 생각하라고 말하면서 그리 건강에 신경을 쓰고 최상의 상태를 유지하려고 애씁니까? '사는 곳을 바꾸는 것이 그리 괴로운 일인가?'라고 주장하면서, 정작 본인은 고향에서 늙어가고 싶어하지요? 수명이 짧건 길건 아무 상관없다고 단정지어 말하면서도 가능한 범위에서 최대한 수명을 연장하며 평화롭게 늙어가려고 합니까?"

물론 그런 부분들에 지나치게 집착해서는 안 된다고 말하지만, 지나치게 집착하지 말라는 뜻이지 완전히 등한시하라는 뜻은 아니다.

삶에서 여러 부분에 집착하지 않고 살다 보면 오히려 친절한 손님처럼 아무 말 없이 따라와주기 마련이다. 언제든 때가 되어 돌려달라고 했을 때, 불평불만 없이 순순히 내어준다면 행운의 여신의 입장에서는 그보다 더 안전히 보관할 수 있는 장소가 어디 있겠는가?

굳이 부를 거부하지 않고도
미덕을 실행할 수 있다

♦ 마르쿠스 카토의 경우에는 쿠리우스와 코룽카니우스, 그리고 몇 푼 안 되는 은화까지 감시관이 직접 처벌해야 하는 범죄로 여기던 시대를 찬양했지만, 본인은 400만 세스테르티우스나 되는 재산을 소유하고 있었다. 물론 크라수스보다는 적은 금액이지만 감시관 카토보다는 훨씬 많은 양이었다. 굳이 비교한다면, 재산 부분에서는 크라수스보다 적지만 증조부보다는 더 많은 부를 소유하고 있었고, 더 많은 재산을 소유할 수 있는 기회가 온다면 거절하지 않았을 것이다.

현인들도 스스로 행운의 여신이 주는 선물을 받을 자격이 없다고 여기지 않는다. 물론 재산에 연연하지 않지만 이를 소유하는 데 거부감이 없다. 그저 마음으로 소유하기보다는 집안에 두고 굳이 재산을 거부하지 않고 잘 간직해두었다가, 스스로 미덕

세네카의 말

을 실행함에 있어서 이를 잘 활용할 수 있기를 바란다.

결과적으로 현인이 가난할 때보다 부자일 때, 본인의 능력을 발휘할 수 있는 기회가 더욱 많아진다는 점에 대해서는 의심할 여지가 없어 보인다. 현인이 빈곤하다면 절대 굽히지 않고 묵살당하지 않아야 하는 한 가지 종류의 미덕밖에 존재하지 않지만, 현인이 부유하다면 절제와 친절, 성실, 적당한 분배와 자비를 베풀 수 있는 다양한 여지가 존재할 수 있기 때문이다.

• 쿠리우스와 코룽카니우스는 로마의 집정관이자 로마적 소박함과 엄격함을 상징하는 인물이다.

62

부가 가장 중요한 자리를
차지해서는 안 된다

✦ "부를 중요시한다는 점에서 나와 다를 것이 없다면, 왜 부에
집착하는 나를 비웃는 것입니까?"

현인들이 그대와 어떻게 다른 시각에서 부를 바라보는지 알고
싶은가? 만약 현인들이 부를 잃는다면 그 자체가 사라지는 것에
불과하지만, 당신이 부를 잃는다면 말문을 잃고 어딘가 버림받
은 기분에 사로잡힐 것이다. 현인들에게 있어서 부는 그저 부일
뿐이지만, 당신에게 부는 가장 중요한 자리를 차지하고 있다. 다
시 말해 현인들은 부를 소유한 주인이지만, 당신은 부의 노예인
것이다.

• 세네카의 말

63

지혜로움은
가난과 직결되지 않는다

◆ 그러니 철학자들은 부유함을 누리지 않아야 한다는 주장은 이쯤에서 그만두기 바란다. 지혜로움이 가난과 직결된다고 말한 사람은 아무도 없다. 철학자들도 재산을 소유할 수 있다. 물론 다른 사람의 손에서 빼앗거나 누군가의 피가 묻은 돈이거나 타인에게 부당한 짓을 해서 얻은 것이 아니어야 하고, 수입과 지출이 일정한 자들의 시기심을 사는 것만 제외하고 누구의 불만도 사지 않는 것이어야 한다.

정당한 재산이라면 얼마든지 쌓아두어도 무방하다. 재산이 얼마나 많건 이는 정직한 것이니 상관없다. 다른 사람이 제아무리 탐을 내더라도 진짜 자신의 것이라고 주장할 수 있는 것은 없을 테니까.

64

행운의 여신이 베푸는
친절을 거부하지 말자

♦ 만약 행운의 여신이 친절을 베푼다면 현인은 이를 거절하지
않을 것이며, 영예롭게 얻은 재산을 자랑하거나 수치스럽게 생
각하지도 않을 것이다. 물론 대문을 활짝 열어 동네사람들을 모
두 불러 모아놓고, "자, 누구든 자기 것이다 싶은 것이 있다면 마
음껏 가지고 가시오!"라고 말할 수 있다면, 충분히 자랑할 수도
있다. 그 후에도 재산이 하나도 줄어들지 않았다면 그는 진정 위
대한 부자일 것이다! 모든 사람들에게 재산을 공개하고 이를 낱
낱이 살피도록 한 후에도 아무것도 빼앗기지 않았다면 그 사람
은 떳떳하게 부를 얻은 사람이다.

• 세네카의 말

65

불명예스러운 부는
한 푼도 탐하지 않는다

♦ 현인은 불명예스러운 것이라면 한 푼도 집안에 들이지 않겠지만, 행운의 여신이 준 선물이나 미덕의 결실로 얻은 것이라면 엄청난 재산이라도 굳이 거절하지 않을 것이다. 일부러 좋은 것을 거부해야 할 이유가 무엇인가? 정직한 재산이라면 두 팔 벌려 환영해야 마땅한 일이다. 현인은 진부한 사람들처럼 재산을 떠벌리지 않을 것이다. 괜히 소심해지고 겁이 나서 선을 주머니에 넣고 다니는 사람들처럼 재산을 감추지도 않을 것이며, 문 앞에서 발로 걷어차지도 않는다.

어떻게 거절을 해야 한단 말인가? "돈 따위는 필요 없어." 혹은 "돈이 있어도 어떻게 써야 할지 모른다."라고 말해야 할까? 마치 충분히 걸어다닐 수 있는 사람도 마차에 타는 것을 좋아하듯이 가난도 기꺼이 받아들일 수 있지만 기왕이면 부자가 되기를 좋아하는 것이 당연하다. 그러므로 현인은 재산을 소유하되 언제든지 훨훨 날아가버릴 수 있는 덧없는 것으로 여기며, 그 재산이 다른 사람이나 스스로에게 짐이 되는 것은 피할 것이다.

오히려 현인들은 남에게 베풀 것이다. 갑자기 귀를 쫑긋 세우고 지갑을 활짝 여는 것인가? 현인은 자신의 재산을 선한 자들, 그리고 좋은 일을 할 법한 자들에게 내어줄 것이다.

또한 돈을 버는 것만큼 쓴 것도 투명하게 처리해야 하기 때문에, 고심에 고심을 거쳐 가장 적절한 대상을 골라 정당하고 누가 들어도 납득할 법한 이유를 들어 이를 베풀 것이다. 제대로 베풀지 못하는 것은 수치스러운 낭비와 다를 바 없기 때문이다. 현인의 주머니는 활짝 열려 있지만 그렇다고 구멍이 나서 술술 새어버리는 것은 아니다.

66

그저 내키는 대로
부를 베풀어서는 안 된다

♦ 남들에게 베푸는 것을 별 것 아니라고 생각했다면 이는 큰 오산이다. 그저 기분이 내키는 대로 돈을 뿌리는 것이 아니라 신중하게 선물을 준다고 생각하면 굉장한 어려움이 따르기 마련이다. 어떤 사람에게는 베풀고, 다른 사람에게는 돌려주는 것이다. 먼저 도움을 주고 혹은 자비를 선사하는 것이다.

가난 때문에 잘못된 길로 빠지거나 빈곤에 빠져 있으면 안 되기 때문에 부를 베풀기도 하지만, 굳이 베풀어도 빈곤의 늪에서 빠져나오기 어려운 경우라면 지갑을 닫기도 한다. 어떤 사람에게는 원조를 제공하지만 억지로 받으라고 강요하는 경우도 있다. 그 어떤 경우에도 소홀히 하지 않고 대상을 꼼꼼히 기록해 부를 베풀어야 한다.

선행을 베풀 때는
보물을 묻어두는 것처럼 하라

♦ "그렇다면 베푼 만큼 나중에 돌려받고 싶어서 준다는 뜻입니까?"라고 물을 수 있다.

그렇지는 않다. 그저 낭비하지 않겠다는 뜻이다. 무언가를 베풀 때는 먼저 돌려달라고 하지 않아야 하지만, 어떤 방식으로든 되받을 수 있어야 한다. 누군가에게 선행을 베풀 때는 반드시 필요한 때가 되기 전까지는 보물처럼 저 깊은 곳에 묻어둘 수 있어야 할 것이다.

•
세
네
카
의
말

자연은 모든 사람들에게
베풀라고 말한다

♦ 부유한 자들은 선행을 베풀 수 있는 기회를 얼마나 많이 가지고 있는가! 부자들이 로마의 시민들에게 자비를 베푼다고 해서 이를 막아설 자가 어디 있겠는가? 자연은 모든 사람들에게 베풀라고 말한다. 상대가 노예이건 자유인이건, 법적인 절차에 따라서 자유를 얻었건, 친구의 자비로 자유를 얻었건 무슨 상관이랴? 인간이 존재하는 곳이 어디든지 간에 친절을 베풀 수 있는 기회는 언제나 존재하는 법이다. 집안에서도 돈을 나눠주고 자유를 선사할 수 있을 것이다.

부유함이 반드시 선은 아니지만
유용한 것임에는 분명하다

♦ 내가 어떤 점에 진정한 가치를 두고 있는지를 설명하겠다. 부유함은 선이 아니다. 만약 부유함이 인간을 선하게 만든다면 이는 선이 될 것이다. 하지만 사악한 자들도 부유할 수 있다면 이를 선이라고 부를 수는 없다. 하지만 부자가 되는 것이 좋은 일이고, 이를 통해 다양한 선행을 베풀 수 있으며 유용하다는 점에 있어서는 동의하는 바다.

●
세
네
카
의
말

왜 부를 선으로
규정지을 수 없는가?

✦ 우리 모두 부를 소유하는 것이 바람직하다는 점에 동의했지만, 그럼에도 왜 부를 선으로 규정지을 수 없는지에 대해서 설명해보겠다. 나를 으리으리한 부잣집에 데려다놓는다고 해도, 은과 금으로 된 그릇을 온 가족이 사용하는 집에 산다고 해도, 그저 집안의 일부일 뿐 나의 일부가 아닌 것들 때문에 으스대지는 않을 것이다. 나를 테베레 강의 거지들이 우글거리는 다리 아래로 데려간다고 해도, 남들에게 구걸의 손을 내미는 거지들 사이에 있다고 해도 나 스스로를 경멸하지 않을 것이다.

언제든 죽음을 선택할 수 있는 능력이 있는데 빵 한 조각이 없다고 한들 무슨 차이가 있을까? 그렇다면 어느 쪽을 선택할 것이냐고 묻고 싶은가? 물론 으리으리한 저택이 나을 것이다.

현인은 돈의 주인이 되지만
바보는 돈의 노예가 된다

✦ "바보와 현인 둘 다 부유함을 얻고자 한다면 둘 사이에 어떤
차이가 있겠는가?"

엄청난 차이가 있다. 현인은 부를 노예처럼 부리지만 바보에
게는 부가 주인 행세를 한다. 현인은 부를 그다지 중요한 것으로
여기지 않지만, 바보는 금은보화 말고 아무것도 보지 못한다. 우
리는 평생 부자로 살 수 있다는 약속이라도 받은 것처럼 쉽사리
부유함에 길들여지고 집착하지만, 현인들은 부유함에 둘러싸여
있는 순간에도 빈곤함에 대한 생각을 멈추지 않는다.

세네카의 말

(72)

내가 가진 재물에
넋이 나가면 안 된다

♦ 군대를 이끄는 수장은 휴전인 상황에서도 언제라도 전쟁이 터질 수 있을 거라고 생각하며 쉽게 평화로움에 안주하지 않는다. 하지만 우리는 어떤 경우에도 집이 불타거나 무너져내리지 않을 거라고 믿으며, 으리으리한 저택을 가졌다는 사실에 우쭐해한다. 마치 운명의 여신조차 우리가 가진 부를 탐하지 않고 절대 위험에 처하지 않을 것이란 믿음으로 재물에 넋이 나가 있는 것이다.

○ 세네카의 행복론

현인도 부를 빼앗길 수 있지만
진정한 재산은 그대로다

◆ 우리는 게으름에 빠져 부를 누리고 살면서 눈앞에 다가온 위험은 전혀 보지 못하고 있다. 거대한 대포가 얼마나 멀리까지 날아갈 수 있는지 모르며, 시시각각 주변을 포위해오는 자들의 모습을 멀뚱히 쳐다보고 있는 무식한 야만인과 하나 다를 게 없는 것이다.

우리도 별반 다르지 않다. 잠시 넋을 놓고 있는 사이 부유함을 노리는 위협들이 사방에 도사리고 있으며, 언제든 불운이 닥쳐 값비싼 소유품을 잃을 수 있다. 물론 현인들도 부유함을 빼앗길 수 있지만 진정한 재산은 그대로 남아 있을 것이다. 현인은 미래에 연연하지 않고 자신에게 주어진 현재를 즐기며 살기 때문이다.

세네카의 말

6장

—

타인의 악함을
평가할 여유가 없다

74

최선을 다해
나를 고양시켜나갈 뿐이다

♦ 우리는 지혜를 위해 헌신하는 사람들이 영예롭고 용감하며,
당당히 주장하는 바를 일부러 곡해해서 들을 필요가 없다. 지혜
를 위해 헌신하는 자와 이미 지혜를 습득한 자가 다르다는 점을
반드시 기억하라.

지혜를 위해 헌신하는 자는 아마도 이렇게 말할 것이다. "내가
입 밖으로 꺼내는 말들은 훌륭하나, 나는 지금도 악덕의 늪에 빠
져 있다. 그러니 원칙에 따라서 살아야 한다고 나에게 강요하지
마시길. 나는 최선을 다해서 스스로를 고양시키고 인격을 만들
어나가려고 노력하고 있다. 내가 어느 정도 최고의 목표에 도달
하고 나면 그때는 내 말과 행동이 일치해야 한다고 강요해도 될
것이다."

반대로 최고의 선을 습득한 사람들은 이와 다른 말을 할 것이

다. "여러분보다 나은 사람들을 함부로 판단하려고 해서는 안 된다. 나는 이미 사악한 자들의 비판을 얻어내는 것에 성공했으니, 올바른 본성을 가졌다는 증거인 셈이다."

75

타인의 포로가 되기보다는
승리자가 되고 싶다

♦ 소크라테스는 이렇게 말했다.

"나를 세계 모든 나라를 이겨낸 승리자로 만들고, 동이 틀 무
렵 나를 바쿠스의 화려한 전차에 태워 테바이까지 데려가주오.
또한 모든 법률이 나로부터 시작되도록 하라. 모든 면에서 신격
화 대접을 받는 날, 나 스스로 인간임을 더욱 강하게 느낄 것이
다. 가장 높은 곳에 오른 순간, 모든 운이 다해 추락하도록 만들
라. 나를 오만하고 잔인한 정복자의 행렬 가운데 들것에 실려 가
도록 만들라. 다른 사람의 전차에 끌려간다고 해도, 비굴하게 굽
신대지 않을 것이다."

세네카의 말

$$\textcircled{76}$$

나는 다른 사람의 의견에
영향을 받지 않는다

✦ 소크라테스나 그 정도 위치에서 인간사를 관망하는 현자들은
이렇게 말할 것이다.

"타인의 의견에 따라서 내 삶을 뒤바꾸지 않는다는 점은 무엇
보다 확고하다. 사방에서 아무리 귀에 익은 비난들을 쏟아부어
도 이를 기분 나쁘게 듣기보다 오히려 가련한 꼬마들이 울부짖
는 것으로 듣고 지나칠 것이다."

지혜를 얻은 사람들은 이렇게 말할 것이다.

"악덕에 의해 전혀 더럽혀지지 않은 그 영혼들은 미움이 아니
라 치유를 위해 타인에게 채찍질을 하라고 명령한다."

그리고 다음과 같이 덧붙일 것이다.

"나는 다른 사람의 의견에 영향을 받지 않으며, 스스로의 판단
에 따라서 움직인다. 미덕을 증오하고 공격하는 것은 선에 대한

○ 세네카의 행복론

217

희망을 포기하는 것과 같다. 제단을 뒤엎은 자들이 신에게 어떤 해도 끼치지 못하듯, 여러분도 나를 해하지 못할 것이다. 또 해를 끼치지 못하는 것에서 그칠 뿐만 아니라 사악한 의도와 계획이 만천하에 명백히 드러날 것이다."

선을 찬양하는 것이 힘들다면
차라리 입을 다물라

✦ 감옥에 갇힌 중에도 그 어떤 의회보다 감옥 안을 더 숭고하게 만들었던 소크라테스는 이렇게 외친다.

"이 무슨 악행이란 말인가? 신성한 것에 악담을 늘어놓고 미덕을 모욕하다니, 이는 신과 인간에 대해 전쟁을 선포하는 것과 다를 바 없다. 선한 것을 찬양하라. 그게 힘들다면 차라리 입을 다물라. 마음껏 중상모략을 하고 싶다면 차라리 다른 자를 헐뜯으라. 만약 그 분노가 하늘을 향하는 것이라면, 그건 명백한 신성모독이지만 아무 말 하지 않겠다. 여러분은 그저 시간을 낭비하고 있을 뿐이다."

그들이 나를 공격한 덕에
내 명성이 더욱 빛나다

◆ 과거 아리스토파네스*는 나를 재담의 먹이로 사용했고, 희극 극단 전체가 나를 향해 독기 어린 조롱을 늘어놓았다. 하지만 그들이 나의 미덕을 공격한 덕분에 내 명성은 더욱 빛나게 되었다. 군중들 앞에 끌려 나와서 공개적인 시험을 치렀고, 나의 미덕에 도전장을 내밀고 그 위력을 느껴본 자들까지 오히려 그 가치를 깨닫게 되었기 때문이다. 부싯돌을 쳐본 사람만이 부싯돌이 얼마나 단단한지 잘 아는 것처럼 말이다.

세네카의 말

• 그리스 희극 작가로 신식 철학, 소피스트, 신식 교육, 전쟁과 데마고그(선동 정치자) 등을 비난하고 풍자했다.

79

타인의 악함을 평가할
시간적 여유가 있는가?

✦ 나는 얕은 바닷물 사이에 외딴 바위처럼 서 있다. 오랜 세월 끝없이 파도가 몰아쳐도 끝까지 버티고 있는 바위처럼. 누구든 강한 파도처럼 내 몸을 공격해보아라. 끝까지 견뎌내어 마침내 이겨내고 말리라. 굳건하고 강한 것에 제 몸을 던지는 자는 스스로의 힘만 소진할 뿐이다. 그러니 사악한 무리들이여, 화살이 꽂힐 만큼 물렁하고 부드러운 목표물을 찾아보아라.

그런데도 타인의 악함을 뜯어보고 이를 평가할 만한 시간적 여유가 있단 말인가?

"왜 저 철학가는 넓은 저택을 가지고 있는가? 왜 저 사람은 상다리가 휘어질 정도로 잘 차려 먹는가?"

자기 얼굴에 있는 커다란 땀구멍은 보지 못하면서 남의 얼굴에 있는 뾰루지는 눈에 잘 띄는가? 이는 온몸에 흉측한 곰보 자

221

국이 난 사람이 아름다운 육체에 있는 작은 주근깨와 사마귀를 보고 비아냥거리는 것과 다를 바 없다.

차라리 플라톤이 돈을 밝혔다고, 아리스토텔레스가 뒷돈을 받아 챙겼다고, 데모크리토스는 돈을 무시하고 에피쿠로스가 재산을 탕진했다고 욕을 하라! 내가 알키비아데스*와 파이드로스와 어울린다고 욕하라. 이제 나의 악덕을 그대로 따라 하면서 여러분은 가장 큰 행복을 누릴 수 있을 테니까.

• 아테네의 정치가이자 군인이었다. 정치·군사적 재능과 준수한 외모를 타고났으나, 절개와 지조가 없고 사리(私利)에 치우쳐 펠로폰네소스전쟁에서 아테네를 패배로 이끄는 원인을 제공했다.

80

왜 자신의 악덕은
살피지 못하는가?

✦ 왜 자신의 악덕은 살피지 못하는가? 사방에서 그대를 찌르고 안과 밖에서 날뛰고 불타는 악덕들이 셀 수 없이 많거늘. 비록 본인의 상황을 충분히 인지하지 못하더라도 인간사란 나보다 나은 사람을 두고 사악하게 혀를 놀릴 수 있을 만큼 여유로운 시간을 남겨두지 않는다.

○ 세네카의 행복론

81

남의 악덕에 관심을 가지면
당신의 영혼이 위험하다

◆ 그럼에도 여러분은 아무것도 이해하지 못하고 자기 분수도 모르며 뚱한 표정을 짓고 있다. 자기 집에서 곡소리가 들리고 끔찍한 일이 있는지도 모른 채 한가롭게 서커스나 구경하고 앉아 있는 저 수많은 사람들처럼. 하지만 나는 높은 곳에서 잠시 후에 어떤 먹구름이 몰려와 폭우를 쏟아부으며, 당신과 당신이 가진 재산을 위협할 것인지 내려다보고 있다.

더 자세히 이야기해주기를 바라는가? 아직도 제대로 느끼지 못하겠지만 당신의 영혼은 허리케인에 휩쓸려 이리저리 휘몰아치고 있다. 똑같은 위험을 피했다가 다시 돌진하다가 어느 순간 높은 하늘까지 올라갔다가 다음 순간에는 저만치 심연 속으로 내팽개쳐지고 있는 것이다.

• 세네카의 말

◆ ◆ ◆ ◆

어쩌자고 우리는 짧은 인생을

남들에게 화나 퍼부으며 낭비하고 있는가?

고결한 즐거움을 누리기도 짧은 시간이 아닌가.

타인을 괴롭히고 슬프게 만드는 것에 시간을 써야 옳은가?

3부

세네카의
화 다스리기

1장

—

화라는 감정의
실체를 알자

화는 관대함이 아닌
자만심을 불러일으킬 뿐이다

♦ 화라는 감정이 인간의 관대함에 어떤 식으로든 기여하고 있다
는 착각은 금물이다. 화는 관대함이 아닌 지나친 자만심을 불러
일으킬 뿐이다. 치명적인 병에 걸려 해로운 물질이 몸뚱이를 탱
탱 붓게 만드는 것은 바람직한 성장이 아니라 그저 거대한 비만
이 될 뿐이다. 광기로 인해 인간의 사고를 넘어서게 된 사람은
자신이 고귀하고 숭고한 생각을 할 수 있다고 굳게 믿는다. 하지
만 그런 착각은 견고한 기반이 없어서 모래 위에 성을 쌓은 것처
럼 언제 무너질지 모른다.

　화에는 든든한 밑바탕이 없다. 이 때문에 견고한 성장을 할 수
도 오래 지탱할 수도 없어 속이 텅 빈 바람과 같다. 어리석음 이
용기와 동떨어져 있고 자만심이 자신감과, 우울함이 검소함과,
잔혹함이 엄격함과 동떨어진 것처럼 화는 진정한 관대함과 너

무나 동떨어져 있다.

　강조하건대 숭고함과 우매한 군중심리 사이에는 엄청난 차이가 있다. 화는 아름다움이나 위대함과는 거리가 멀다. 항상 초조해하는 모습을 보인다면 화라는 나약한 감정을 비집고 그 내면으로 침체되어 불행한 일부를 그대로 드러낼 수밖에 없다. 병에 찌들어 상처로 온몸이 덮인 사람들이 어디에 살짝 부딪히기만 해도 비명을 지르는 것과 같다.

02

화는 여러 가지 요소들이
결합된 복잡한 감정이다

✦ 충동은 단순한 행동에 불과하지만 화는 여러 가지 요소들이
결합된 복잡한 감정이다. 어떤 부당한 일을 겪으면 먼저 그 위협
에 분개하고 다음으로 부당한 일이라 규탄하는 과정을 거쳐서
마침내 그에 대한 복수를 결심하게 된다. 이 모든 과정은 인간의
마음이 동요되지 않고는 절대로 벌어질 수 없는 일들이다. 왜 이
런 것까지 알아야 하느냐고 반문할 수도 있다. 하지만 그 문제를
풀어야만 화가 무엇인지 알 수 있다. 인간의 온갖 감정들이 우리
의지와 무관하게 발생하는 거라면 그건 제어할 수도 피할 수도
없는 문제다. 머리 위로 찬물이 쏟아질 때 온몸이 떨리는 것이나
뭔가에 부딪혔을 때 나도 모르게 몸이 움찔하는 것처럼 말이다.
나쁜 소식을 들었을 때 머리카락이 곤두서고 저속한 단어를 들
었을 때 얼굴이 붉어지고 낭떠러지 아래를 내려다볼 때 아찔함

세네카의 말

232

이 느껴지는 것도 우리 힘으로 막을 수 없는 일이기에 이성으로 도 제어할 수 없다.

하지만 화라는 감정은 우리 마음이 자발적으로 정상 궤도를 이탈하는 것이기 때문에 지혜로운 격언들로 어느 정도 경감시킬 수 있다. 어떤 삶을 살든 화를 완전히 피할 수 없다면 제아무리 현명한 사람이라고 해도 별반 다르지 않을 것이다.

뭔가 잘못된 행동을 저질렀다는 것을 깨달았을 때의 오싹한 기분은 화와 전혀 무관하다. 무대 위에서 벌어지는 연극의 한 장 면이나 오래전에 벌어진 사건들을 책으로 접할 때도 비슷한 기 분을 느낄 수 있다. 가끔은 노래를 들으면서 흥분하기도 하고 박 자가 빠른 리듬이나 전쟁터에 울려 퍼지는 나팔 소리에 가슴이 뛰기도 한다. 또한 충격적인 그림이나 끔찍한 고문의 현장을 목 격했을 때도 누구나 마음의 동요를 느낀다. 다른 사람이 미소 짓 는 모습에 나도 모르게 미소를 짓고 애도하는 사람들의 무리를 보며 슬픈 감정을 느낀다.

치고받고 싸우는 사람들을 보면 자신도 모르게 덩달아 흥분하 지만 이런 감정들은 화라고 보기 힘들다. 이는 자연스러운 마음 의 동요이며 격정이 아니라 그저 격정으로 접어드는 초기 단계 라고 볼 수 있다.

화는 이성을 뛰어넘어
저 멀리까지 돌진한다

◆ 자연스러운 마음의 동요에서 비롯되는 반응은 격정이라고 보기 힘들다. 다시 말하면 인간의 마음이 그런 반응을 만들어내는 것이 아니라 스스로 그런 반응을 보이면서 마음이 고통받는 것이다.

격정이란 눈앞에 벌어지는 특정한 장면에 의해 형성되는 것이 아니라 격렬한 감정을 촉발시킬 수 있도록 자신을 놓아주고 그 감정에 따를 때 발생하는 것이다. 얼굴이 창백하게 질리고 갑자기 울음을 터트리고 욕정을 느끼고 깊은 한숨을 쉬고 순간 눈빛이 번뜩이는 것 같은 일시적 반응들을 격정이라고 본다면, 그건 잘못 이해한 것이다. 이는 단순히 자동반사적인 신체의 변화일 뿐이다. 아무리 용맹하기로 소문난 장수라도 갑옷을 걸치면 얼굴이 하얗게 질리고 전진을 알리는 나팔 소리가 울리면 무릎이 떨리는 증상을 보인다. 제아무리 뛰어난 지휘관이라고 해도 적군과 격돌하기 직전에는 심장이 두방망이질 치고, 가장 뛰어난 달변가도 연설을 시작하기 직전에는 손발이 차갑고 딱딱하게 굳어지곤 한다.

화라는 감정은 단순한 반응이 아니라 정해진 틀을 뚫고 나가려는 강한 반동과 같다. 이는 마음의 동요 없이는 불가능한 일이다. 이성이 인지하지 못하는 상태에서는 복수를 하거나 처벌을 감행할 수 없다.

누군가 부당한 일을 당했다고 생각하고 그 잘못된 행동에 대한 복수를 다짐했는데 이성이나 다른 이유로 복수를 접고 마음이 안정되었다면 그건 화라고 볼 수 없다. 그건 이성이 지배하는 상태에서 일시적으로 마음의 동요를 느꼈던 것뿐이다. 화라는 감정은 이성을 뛰어넘어 저 멀리까지 나아가려고 하는 맹렬한 움직임이기 때문이다. 뭔가 부당한 일을 겪었다는 생각 때문에 일시적으로 마음이 동요하고 복잡하다면 그건 화가 아니다. 화는 그 일시적 동요 이후에 벌어지는 적극적인 움직임이며, 그저 생각에 그치지 않고 복수를 결심하고 극도의 흥분 상태에서 이를 행동에 옮기는 것이다.

격정은 어떻게 시작되고
뜨거운 기세를 더하는가

◆ 이제부터 격정이 어떻게 시작되고 불거져서 뜨거운 기세를 더하게 되는지 설명해보겠다. 초기에는 무의식적으로 감정이 불거지며 격정이 시작되기 전 준비 단계로 들어서고 위협적인 신호가 시작된다. 그다음 '난 부당한 일을 겪었으니까 복수를 하는 것이 나의 당연한 의무다.' 혹은 '그 사람은 죄를 지었으니 처벌을 받는 것이 당연하다.'라고 생각하며, 나름대로 당위성을 찾으려는 복합적인 감정들로 이어진다. 세 번째 단계에서는 이미 통제 불가능한 상태가 되어서 이성을 잃으며 당위성 여부와 상관없이 복수하고 싶은 열망을 느낀다.

첫 번째 단계에서 자연스럽게 느껴지는 마음의 동요는 이성으로도 막을 수 없다. 앞서 설명했듯이 이는 불가피한 신체적 반응이기 때문이다. 다른 사람이 하품을 하면 나도 모르게 따라서 하

세네카의 말

품이 나고, 누군가 손가락으로 눈을 찌르려고 하면 저절로 눈을 깜빡이게 되는 것과 마찬가지다. 일정 기간 연습을 통해 단련한다면 반응이 무뎌질 수는 있겠지만 이성만 가지고 피할 수 있는 것은 아니란 뜻이다. 하지만 그다음 단계로 이어져서 마음이 동요하고 자발적으로 행동에 옮기게 되는 단계에서는 이성으로 제어가 가능하다.

05

잔혹함은 화가 아니라
그보다 더 끔찍한 불치병이다

♦ 그렇다면 '극도로 잔혹한 사람들의 경우는 어떨까?' 하는 궁금증이 생길 수 있다. 가령 아폴로도로스나 팔라리스처럼 스스로 아무 피해를 입지 않았음을 알면서도 잔혹한 본성을 이기지 못하고 다른 사람이 피 흘리는 모습을 보고 기뻐하는 사람들도 살인을 하면서 화를 느낄 것인가?

그것은 화가 아니라 포악함이다. 포악함이란 누군가로부터 피해를 입어 그에 대해 복수하기 위해 해를 입히는 것과 다르다. 그건 누군가에게 해를 입힐 수만 있다면 스스로 피해를 당하는 것마저도 감수할 수 있는 감정이다. 포악한 사람들은 복수를 위해서가 아니라 쾌락을 위해서 타인을 채찍으로 때리고 칼로 난도질한다.

그렇다면 포악함이란 대체 무엇일까? 포악함이라는 악덕은 화

세네카의 말

에서 시작되어 점차 그 한계를 넘어서 지나친 탐욕에 젖어 자비심마저 잊도록 만드는 것이다. 결국 인간적인 유대감마저 망각하고 종국에는 잔혹함으로 변한다. 잔혹함에 길들여진 자들은 이를 유일한 위안으로 삼으며 웃고 즐거워하며 엄청난 기쁨을 만끽한다. 그들은 화가 난 사람들과는 전혀 다른 양상을 보인다.

"오, 이 얼마나 경이로운 광경인가!" 과거 한니발은 붉은 피로 물든 도랑을 보며 이렇게 외쳤다고 한다. 그곳이 도랑이 아니라 강이나 호수였다면 한니발의 눈에는 더욱 경이로운 광경으로 보였을 것이다. 선혈이 낭자한 곳에서 태어나 어릴 때부터 살인을 수없이 목격하면서 자란 사람이니 붉은 피로 물든 도랑을 보며 즐거움을 느끼는 것은 그리 놀랄 일도 아니지 않은가?

그리 멀지 않은 과거로 돌아가 아우구스투스의 부하로 아시아 식민지를 통치했던 볼레수스를 살펴보자. 그는 하루 만에 300명에 가까운 자들의 목을 베고 그 시체들 사이를 의기양양하게 헤집고 다녔다고 한다. 그리고 마치 엄청난 업적이라도 세운 영웅처럼 그리스어로 이렇게 외쳤다. "이 얼마나 왕다운 행동인가!" 그자가 진짜 왕이었다면 어떤 일이 벌어졌을까? 잔혹함은 화가 아니라 그보다 더 끔찍한 불치병이라고 보아야 한다.

06
슬픔은 화의 벗이며,
모든 분노는 슬픔으로 끝맺는다

◆ 반론

"미덕은 존경받을 행동에 아낌없는 찬사를 보내지 않나요? 그럼 반대되는 행동을 보면 화를 내는 것이 마땅하지 않나요?"

누군가 미덕은 비굴하나 한편으로는 훌륭한 것이라고 주장한다면 어떻게 받아들여야 할까? 그건 미덕이라는 자질을 우위로 두면서 일부러 깎아내리려는 의도에 불과하다. 호의를 베푸는 행동을 통해 느끼는 기쁨은 원대하고 영광스러운 것이지만 타인의 과오로 쉽게 화를 느낀다면 그건 옹졸함을 보여주는 것이다.

미덕은 절대로 악을 무작정 답습하는 과오를 범하지 않는다. 미덕은 화라는 감정 자체를 처벌의 대상으로 여긴다. 화는 잘못된 행동을 저지르는 것보다 하나 나을 것이 없고 대부분 그보

세네카의 말

다 나쁘다. 즐거움을 느끼고 기뻐하는 것이야말로 미덕의 본능이다. 때문에 화를 내는 것은 미덕의 고결함과 어울리지 않는다. 슬픔은 화의 벗이며 모든 분노는 슬픔으로 끝을 맺어 후회나 실패의 마지막에는 슬픔만이 남는다.

만약 현명한 자가 죄를 지은 자를 보고 화를 내야 한다면 죄질이 클수록 더 화가 날 것이고 화를 내는 빈도도 잦아질 것이다. 그러다 보면 현자는 그저 화를 내는 사람이 아니라 화를 잘 내는 성격이 되어버린다. 현자가 지나치게 자주 화를 내고 크게 분노하는 것이 어울리지 않는다고 생각한다면 그런 격정들로부터 자유롭게 놓아주는 편이 옳지 않을까?

사람들마다 각기 다른 정도의 죄를 짓는데 그에 따라서 정해진 만큼 화를 내기란 불가능하다. 각기 정도가 다른 악행을 저질렀는데도 똑같이 화를 낸다면 불공평한 일이다. 그렇다고 화를 자극하는 일이 생길 때마다 머리끝까지 화를 낸다면 그저 화를 잘 내는 성마른 사람이 되고 만다.

현자조차 타인의 사악함을 보고 스스로 격정을 제어하지 못한다면 그보다 더 가치 없는 일이 어디 있겠는가? 그렇다면 위대한 철학자 소크라테스도 똑같은 얼굴로 집에서 나오고 돌아갈 수 없을 것이 분명하다. 게다가 악한 행위를 보며 항상 울분을 토하고 죄악을 목격할 때마다 슬퍼해야 한다면 그보다 불행한 사람은 없을 것이다. 평생을 화와 슬픔에 잠겨 보내야 할 테니까.

긴 호흡을 유지하며
끈질긴 악덕에 맞서라

♦ 그냥 인간이 저지르는 과오에 대해서 화를 내지 않아야 한다고 생각하는 편이 낫다. 어둠 속에서 헤매는 자들에게 화를 낸다고 무엇이 달라지는가? 이성의 소리를 듣지 못하는 자들, 자기 할 일을 잊고 친구들과 놀이에 빠져서 농담 따먹기나 하는 아이들에게 화를 낸다고 무엇이 달라지는가?

나이가 들어 몸이 약해지고 피로가 쌓인 노인들에게 화를 내는 것은 또 어떤가? 인간이 타고난 불운 중 하나는 바로 지적인 능력마저도 언젠가 늙는다는 것이다. 그래서 어쩔 수 없이 잘못된 길로 빠져들기도 하고 다른 길로 엇나가면서 삐뚤어진 쾌감을 느끼기도 한다. 과오를 저지르는 개개인에게 화를 내지 않기 위해서는 온갖 과오들을 이해하고 인류 전체를 가슴에 품고 용서하려는 아량을 가져야 한다.

현자는 절대 죄를 지은 자들에게 화를 내지 않을 것이다. 그렇지 않은가? 왜냐하면 현자는 인간은 누구나 우매하게 태어나고 나이가 듦에 따라서 점점 현명함을 체득해간다는 사실을 알고 있기 때문이다. 각 시대별로 현자로 불리는 사람들의 수는 지극히 제한적이고 그들은 인간사의 온갖 면면을 이해할 수 있는 능력을 가진 자들이다.

제정신을 가진 사람이라면 자연을 보며 화를 내지 않을 것이다. 무성하게 우거진 숲에 과일나무가 자라지 않는다고 해서, 잡초와 가시덤불로 가득한 곳에서는 맛있는 열매가 열리지 않는다고 해서 화를 내는 것은 얼마나 우매한 짓인가? 타고난 자연의 결함을 탓하는 자는 없다.

진정한 현자는 언제나 평온한 태도로 실수를 저지르는 자들을 감싸 안는다. 죄를 지었다고 해서 적으로 대하는 것이 아니라 오히려 발전할 가능성이 있다고 생각한다. 그리고 그런 자애로운 마음가짐으로 세상에 나선다. '나는 수없이 많은 죄인들을 만나게 될 것이다. 술에 취한 자들, 욕망에 사로잡힌 자들, 감사할 줄 모르는 자들, 탐욕스러운 자들 그리고 광기에 사로잡힌 자들까지.' 현자는 병에 걸린 환자를 다루는 의사처럼 온화한 눈으로 그들을 바라볼 것이다.

배의 이음매가 벌어져 물이 줄줄 새어 들어온다고 해서 선원이나 배에게 화를 내는 선장은 없지 않은가? 그보다는 얼른 사태를 수습하려고 들 것이다. 물이 새어 들어오지 않도록 막고 배에 고인 물을 퍼내고 눈에 보이는 틈새를 좁히려고 노력할 것이다. 눈에 보이는 부분부터 그렇지 않은 부분까지 어떻게든 물이 들어오지 않도록 쉬지 않고 막을 것이다. 계속해서 물이 들어온다고 해서 손을 놓고 포기하지 않는다.

우리도 긴 호흡을 유지하며 끝없이 밀려오는 끈질긴 악덕에 맞서야 한다. 악덕을 뿌리 뽑기 위해서가 아니다. 어떻게든 사악한 격정에 굴복하지 않기 위해서다.

화는 그저 끔찍한 것일 뿐
두려움의 대상이 될 수 없다

✦ 반론

"화는 우리를 경멸로부터 지켜주니 좋은 것이 아닙니까? 우리가 화내는 모습을 보면 나쁜 자들이 겁을 먹고 도망칠 테니까요."

이렇게 생각해보자. 화라는 감정이 누군가 위협을 느낄 만큼 강력하다면 타인에게 두려움을 준다는 이유로 증오심을 유발할 것이다. 무시의 대상이 되는 것보다 위험한 것은 증오의 대상이 되는 것이다. 반대로 화의 강도가 낮다면 경멸을 받거나 잠시 조롱거리가 되는 게 고작이다. 그 정도 차이라면 별 의미도 없이 과도하게 분노하는 것만큼 바보짓이 어디 있겠는가?

게다가 누군가에게 위협적으로 보인다고 하나 좋을 것도 없다. 현자도 마찬가지다. 남에게 위협적으로 보이는 것은 야수에게나 좋은 무기가 된다. 우리는 열병이나 통풍, 궤양 같은 것을 두려워하지 않는가? 그런 것들이 우리에게 하나 좋을 것이 있는가? 오히려 흉측하고 비천하고 추한 것들은 모두의 두려움의 대상이 된다.

마찬가지로 화는 그저 끔찍한 것일 뿐 두려움의 대상이 될 수 없다. 흉측한 가면을 쓰고 나서면 아이들이 무서워 도망치는 것에 불과하다. 공포는 처음 공포를 자아낸 자에게 반드시 되돌아오고 스스로 평온의 경지에 있다면 어떤 것도 두려워하지 않는다는 점에 대해서는 어떻게 생각하는가?

자연의 섭리가 그러하듯, 두려움을 무기로 강해진 것들은 그 스스로 두려움에서 자유로울 수가 없는 법이다. 사자들조차 부스럭거리는 소리에 화들짝 놀라고 사납기로 소문난 맹수들도 시커먼 그림자, 이상한 소음과 냄새 때문에 경기를 한다. 타인에게 공포를 주는 것은 그 자신에게도 공포를 자아낸다. 그 때문에 현자는 두려움의 대상이 되어야 할 이유도 없고 불같이 화를 내서 두려움의 대상이 된다고 대단하다고 여길 것도 없다.

극도로 혐오스러운 것들도 두려움의 대상이 된다. 독극물이나 병에 걸려 썩어가는 뼈만 해도 그렇지 않은가?

긴 줄에 깃털을 대롱대롱 매달아 놓으면 엄청난 무리의 야생동물들의 습격을 막아내고 함정에 빠트릴 수 있다. 그것이 '극도의 두려움'을 이용한 것이라는 사실은 놀라운 일이 아니다. 우둔하기 짝이 없는 생명체는 우둔한 것들을 보고 겁을 먹기 때문이다. 난폭하기 짝이 없던 사자도 이륜 전차가 요란하게 달리는 모습과 맹렬하게 돌아가는 바퀴를 보고 겁에 질려 우리로 돌아가고, 커다란 코끼리들은 요란한 돼지의 울음소리에 겁을 먹는다.

인간이 화를 두려워하는 것은 어린아이가 어둠을 두려워하고 야생동물들이 시뻘건 깃털을 겁내는 것과 같은 이치다. 두려움은 견고하지 않으며 속이 텅 비어 있어서 나약한 마음에만 영향을 미칠 뿐이다.

09

그 어떠한 격정도 화의 지배에서
자유롭지 않다

♦ 화로 인해 얼마나 많은 사람들이 스스로에게 해를 자초했는지 생각해봐야 한다. 과도한 흥분 때문에 혈관이 파열되기도 하고 화가 나서 목소리를 높이다가 피를 토하기도 한다. 지나치게 많이 눈물을 쏟아내서 시야가 흐릿해지기도 하고, 화를 이겨내지 못해 병에 걸려 쓰러지기도 한다. 화보다 더 빨리 광기에 이르는 길은 없다. 화를 이겨내지 못하고 이성을 잃었다가 그 상태에서 헤어나지 못하는 경우도 종종 있다.

일단 걷잡을 수 없는 분노에 휩싸이면 제발 내 자식을 죽여 달라고 신께 애원하기도 하고 가난에 찌들어 살기를 자초하며 온 가족이 망해버리길 기도한다. 그런데도 화가 나지도 미치지도 않았다고 당당하게 말한다.

화가 나면 친한 친구들과 등지고 가장 가깝고 막역했던 사람들에게 위협적으로 돌변한다. 법으로 상대를 해할 궁리를 하며 사소한 일에도 분개한다. 친구들의 진심 어린 조언이나 도움에 절대 귀 기울이지 않으며 온 힘을 다해서 싸우고 칼을 휘두르고 심지어 목숨까지 바칠 준비를 한다.

이는 세상의 모든 것을 넘어선 최대의 악, 바로 화의 포로가 되었기 때문이다. 다른 격정들은 조금씩 아주 천천히 우리 마음에 스며든다. 하지만 화는 한순간 우리 마음을 장악하고 다른 모든 격정들을 휘하에 거느리고야 만다.

화는 가장 온화한 사랑의 감정까지도 정복해버린다. 화가 나면 진정 사랑했던 사람을 칼로 찔러 죽이고 자신이 죽인 사람의 품에 안겨 죽음을 맞는다. 화는 가장 고집스럽고 경직되어 있는 탐욕이라는 감정마저 무참히 짓밟고 엄청난 부를 순식간에 탕진해버리도록 만든다. 그리고 자기 집과 평생 힘들여 모은 재산을 스스로 불태우게 만든다.

야심으로 똘똘 뭉친 사람이 일단 화에 휩싸이면 목숨보다 소중하게 아끼던 명예를 내던지고 높은 지위도 걷어차버리는 것이 바로 그런 이유다. 그 어떠한 격정도 화의 지배 아래에서 자유롭지 않다.

화만큼 격정적이고
자기 파괴적인 감정도 없다

✦ 화를 제외한 다른 격정들은 잠시 미루어둘 수 있고 시간이 흐른 뒤에 치유가 가능하지만, 화는 능동적이고 자멸적인 폭력성을 지니고 있어 속도를 늦추는 법이 없다. 화는 시작과 동시에 최고조로 올라가서 끝까지 거침없이 나아간다. 다른 악덕들은 우리의 마음을 뒤흔드는 것에 그치지만 화는 우리 마음을 송두리째 낚아챈다. 특히 자제심이 부족한 사람들이 완전히 망가질 때까지 고통을 준다.

화는 정해진 목표만을 해하는 것에 그치지 않고 정해진 목표에 이르기까지 자신의 앞을 가로막는 방해물들을 모조리 공격한다. 다른 악덕들은 마음을 흔드는 것에 그치지만 화는 우리 마음을 완전히 뒤집어버린다. 격정을 이겨내는 것은 불가능할지 모르지만 잠시 멈출 수는 있다. 하지만 화가 점점 더 커지고 강해질수록, 번개나 허리케인처럼 스스로 멈출 수 없으며 무작정 목표를 향해서 돌진한다.

다른 악덕들은 판단력을 흐리게 하지만 화는 온전한 정신을 뒤흔든다. 다른 격정들은 서서히 다가와 알아채지 못할 정도로 서서히 커져가지만 화는 인간의 마음을 순식간에 곤두박질치게 만든다. 화만큼 격정적이고 자기 파괴적인 감정도 없다.

일단 화를 내는 것에 성공하면 의기양양해하지만 실패하면 광기에 미쳐 날뛴다. 실패했을 때조차 화는 지치지 않으며, 만약 화가 미치지 않는 곳까지 상대가 달아나버리면 분노를 이기지 못하고 제 살까지 뜯어먹는다. 화는 그 강렬한 기운이 어디서 시작되었는지 개의치 않으며 매우 사소한 것에서 시작되어 저만치 높은 곳까지 솟아오른다.

⑪

화가 광적인 성향을
띠고 있음을 잘 깨닫자

♦ 반론

"화라는 감정이 매우 강력하고 파괴적이라는 것은 분명합니다. 그렇다면 화를 치유할 수 있는 방법을 알려주십시오."

앞서 설명한 것처럼 아리스토텔레스는 화를 옹호하는 입장이다. 그는 화를 뿌리 뽑는 것을 경계한다. 화는 미덕의 자극제와 같기에 완전히 제거해버리면 싸움에 필요한 무기를 잃고 거대한 업적을 위해 나아가지 못하고 비틀거리게 된다고 주장한다.

먼저 화의 저속하고 폭력적인 속성을 증명할 필요가 있겠다. 다른 사람을 향해 분노하는 것이 얼마나 잔인한 일인지 우리 눈으로 직접 확인해보자. 화는 남을 해하기 위해서 스스로 자멸하며 함께 전복되기를 마다하지 않는다. 이처럼 화가 광적이고 폭

세네카의 말

력적인 성향을 띠고 있음을 깨달아야 한다.

몰지각한 비이성의 노예가 되어서 본인의 의지가 아니라 허리케인에 휩쓸린 것처럼 멋대로 행동하는 사람을 정상이라고 할 수 있을까? 그뿐인가, 복수의 의무를 타인에게 일임하지 않고 육체와 정신을 분노에 맡겨 가장 사랑하던 사람들을 무참히 살해하기도 한다. 얼마 후면 그들의 죽음 앞에서 눈물을 흘리고 애통해할 것이 자명한 일인데도 말이다.

이성을 혼란스럽게 만들고 미덕의 손발을 꽁꽁 묶어버리는 이 격정적인 감정을 누군들 미덕의 조력자이자 친구로 삼고 싶겠는가? 그 힘은 병든 자가 발작 증세를 일으킬 때처럼 반짝 빛날 뿐이며 온전하지도 못하다. 스스로를 파멸로 이끌어갈 힘 말고는 아무것도 없다.

화라는 감정의
진짜 얼굴을 보아야 한다

◆ 화의 흉측함에 대해 심사숙고하고 그로 인한 폐해를 살피는 것만큼 화를 억누르는 데 도움이 되는 것은 없다. 그 어떤 격정도 화만큼 복잡다단하지 않다. 화는 아름다운 용모를 추악하게 만들고 평화로움을 난폭하게 바꾼다.

일단 화에 휩싸이면 우아함은 저만치 도망간다. 제아무리 감각 있게 차려 입었다고 해도 불처럼 화가 나면 옷을 찢어버리고 외모 따위는 신경 쓰지 않는다. 윤기 나는 머리카락을 타고났더라도, 혹은 정성스레 빗어 넘기고 나왔더라도 일단 화에 휩싸이면 머리카락이 빳빳하게 곤두선다. 혈관이 팽창하고 심장박동이 빨라지고 목구멍으로 온갖 거친 말을 내뱉으며 잔뜩 긴장한다. 화난 사람은 사지를 비비 틀며 손이 바들바들 떨리고 머리끝부터 발끝까지 전율한다.

254

화가 난 사람의 겉모습조차 이렇게 충격적인데 속마음은 어떨까? 온통 상대를 공격하려는 욕구에 집중되어서 호흡이 점점 거칠어지고 당장이라도 폭발할 것 같고 화를 터트리고 싶어 안달이 나 있을 것이 아닌가. 얼마나 끔찍한가! 온몸에서 적군의 피 혹은 맹수의 피가 뚝뚝 떨어지는 모습, 시인들이 묘사했던 것처럼 온몸에 독사를 휘감고 입에서 활활 불을 뿜어내는 괴물 같은 모습, 어두운 지옥에서 나와 국가들 사이에 평화를 깨고 전쟁을 일으키려는 포악한 신들의 모습, 바로 이것이 우리 눈으로 그릴 수 있는 화의 모습이다.

뜨거운 불처럼 이글이글 타오르는 눈동자, 고통으로 가득 찬 울부짖음과 외침, 씩씩거리며 주변을 휘젓고 다니는 모습. 자기 몸이 다치는 것도 아랑곳하지 않고 양손에 무기를 들고 휘두르는 모습. 난폭하기 짝이 없고, 피비린내가 진동을 하고, 온통 상처투성이에, 본인이 자초해서 온몸에 시뻘건 피멍이 든 채 성큼성큼 광기 어린 걸음을 옮기는 모습. 두꺼운 구름으로 몸을 감추고, 주위 사람들을 공격하고 파괴시키고, 적을 해치우는 모습. 세상 모든 것들을 증오하고, 무엇보다 자기 본인에 대한 증오심에 괴로워하는 모습. 남을 증오하고 스스로 증오의 대상이 되며, 땅과 바다, 하늘까지 전부 파괴하려고 드는 모습이 바로 화라는 감정의 진짜 얼굴이다.

（13）

화는 그 어떤 격정보다
흉측한 모습을 하고 있다

◆ 다른 건 몰라도 화는 어떤 격정보다 흉측한 모습을 하고 있음에 틀림없다. 앞서 화난 사람들의 외향에 대해 설명했던 것처럼 날카롭고 거친 얼굴, 피가 요동치다가 얼굴이 백지장처럼 하얗게 바뀌는 것, 어느 순간에는 온몸의 피가 얼굴로 쏠려서 피를 철철 흘리듯 붉게 물든다. 시선을 잃은 불안한 눈동자는 금방 튀어나올 것 같다가 어느 순간 저만치를 뚫어져라 응시한다.

날카로운 엄니를 가는 멧돼지처럼 금방이라도 씹어 먹을 기세로 이를 바드득바드득 갈거나, 손가락을 비틀며 관절에서 우두둑 소리를 내고, 답답한 듯 가슴팍을 쿵쿵 치고, 땅이 꺼져라 한숨을 내쉬고, 온몸을 늘어트리거나, 버럭 말을 뱉거나, 입술을 앙다물고 있다가 파르르 떨며 씩씩거리는 소리를 낸다.

헤라클레스의 말처럼 굶주림에 지치거나 사냥꾼의 창에 급소

세네카의 말

를 찔려 죽어가면서 마지막 공격을 하는 짐승들조차 분노에 휩싸인 인간보다 추악하지 않다. 마음의 여유가 있다면 고뇌에 쌓인 인간이 하는 말이 얼마나 위협적인지 들어보라!

과거 우리가 저지른 악행이 바로 화의 시작이라는 것을 알게 된다면, 누구나 화를 잠시 미루어두고 싶지 않을까? 이런 조언을 해보면 어떨까? 화의 노예가 되어버린 사람은 그가 아무리 최고의 권력을 가졌어도, 그 막강한 힘의 원천이 화라고 해도 그로부터 자유롭지 못하다. 잔뜩 화가 나서 누군가에게 복수를 하고 자기 힘을 과시하고 싶어도, 이를 최고의 특권이라고 여긴다 해도 그저 화의 노예에 불과하다.

한 가지 더 경고하고 싶다. 부디 전후 상황을 살피며 신중하게 생각하라. 인간의 다른 악덕들은 성품이 형편없는 인간들에게 해당되는 것이지만, 화는 교양 있고 아무 흠잡을 데 없는 사람들에게도 알게 모르게 파고든다. 그런데 화를 잘 내는 사람은 자신이 솔직한 성격의 소유자이며 심지어 자기 속내를 그대로 보이는 것을 천성이 착해서라고 착각한다.

2장

—

화의 지배에서
벗어나는 법

제멋대로인 화라는 감정도
충분히 길들일 수 있다

◆ 반론

 "만약 화라는 감정을 없애고 싶다면 자연의 체계에서 삭제해
야 합니다. 하지만 그건 불가능한 일이에요."

 이렇게 생각해보자. 인간은 자연의 흐름에 따라서 시간이 가
고 겨울이 와도 추위를 느끼지 않을 수 있다. 반대로 여름이라도
더위에 시달리지 않을 수 있다. 기후가 좋은 곳에 가서 산다면
심각한 악천후를 막아낼 수 있을 것이고 혹독한 단련을 통해 추
위와 더위를 이겨낼 수 있다.

 다음으로 위의 반론을 뒤집어 생각해보자. 화라는 감정을 온
전히 받아들이기 위해서는 먼저 미덕을 말끔히 비워내야 한다.
악덕과 미덕은 동시에 존재할 수 없기 때문이다. 병에 걸려 아프

면서 동시에 건강할 수 없듯이 화를 내면서 선한 사람이란 있을 수 없는 법이다.

반론

"화를 완전히 마음에서 없애기란 불가능합니다. 인간의 본성이 그걸 허락하지 않을 테니까요."

아무리 힘들고 어려운 일이라고 해도 인간의 정신력으로 충분히 이겨낼 수 있다. 당장 어렵게 느껴지는 것도 반복적인 연습을 통해 익숙해질 수 있으며, 제아무리 강력하고 제멋대로인 격정이라도 규율을 통해서 길들일 수 있다. 인간의 마음은 이성이 어떤 명령을 내리든 그대로 따른다.

어떤 사람은 절대 웃지 않는 법을 익혔고, 어떤 사람은 절주에 성공하고, 어떤 사람은 섹스를, 또 모든 종류의 음료를 딱 끊기도 한다. 오랜 훈련을 통해서 짧은 수면을 취하고도 오랜 시간 지치지 않고 고된 작업을 해내는 사람도 있다. 뼈를 깎는 연습 끝에 가파른 경사에 연결되어 있는 가는 밧줄 위를 자유자재로 뛰어다니고, 도저히 들 수 없을 것 같은 육중한 물건을 나르고, 숨을 참고 오랜 시간 바다 밑에서 잠수를 하는 사람도 있다. 그 외에도 온갖 어려움을 극복하고 마음만 굳게 먹으면 해내지 못할 일이 없다는 점을 세상에 보여준 예들은 수없이 많다.

지금까지 예로 든 사람들은 죽어라 노력한 것에 대한 어떤 물질적인 대가나 포상도 받지 못했다. 팽팽한 밧줄 위를 걷는다고 무슨 상을 받았겠는가? 양어깨로 무거운 물건들을 이고, 두 눈을 뜬 채 잠을 자지 않고 버티고, 바다 깊숙이 잠수를 한다고 무슨 대단한 포상을 받았을까? 아무런 대가를 받지 않았음에도 오직 인내심만으로 모든 일을 가능하게 만든 것이다.

행복한 삶을 영원히 보장해줄 마음의 평온이 기다리고 있는데, 우리가 잠시 참고 견디지 못할 이유가 무엇인가? 온갖 악덕의 대표 격인 화에서 벗어나 광란과 폭력, 잔인함, 정신착란 등의 격정에서 자유로울 수 있다면 얼마나 큰 축복일까?

마음에서 화라는 악덕을
먼저 지워내야 한다

✦ 화라는 감정이 유용하다거나 도저히 피할 수 없다는 핑계를 대며 그런 사악한 격정을 감싸려고 할 이유는 없다. 지금까지 그럴싸한 구실로 악덕들을 감싸던 자들은 수없이 많았다. 그렇다고 워낙 뿌리가 깊어 화라는 감정을 완전히 지우기란 불가능하다고 주장해서는 안 된다.

인간을 고통스럽게 만드는 사악함은 충분히 치유가 가능하다. 인간은 태생적으로 선을 원하기 때문에 굳은 결심을 가지고 생활하면 하늘도 우리를 도울 것이다. 미덕에 이르는 길은 생각처럼 가파르거나 험난하지 않으며 충분히 닿을 수 있을 만큼 낮은 곳에 있다.

지금부터 들려줄 이야기는 절대 터무니없는 것이 아니다. 행복으로 가는 길은 가까이에 있다. 우리는 그저 행운의 신과 선한 기운을 주는 신들의 도움을 받으며 행복의 문으로 다가서기만 하면 된다. 나중에는 평소 습관대로 돌아가는 것이 더 힘들어질 것이다. 마음의 평온을 얻는 것보다 더 안락한 것이 있겠는가? 화를 내는 것보다 더 고단한 일이 있을까? 온화함보다 더 편한 것이 있을까? 잔인함보다 더 복잡한 일이 있을까?

악덕은 항상 분주하게 움직이지만 겸손함은 여유를 준다. 마지막으로 미덕의 문화는 용이하지만 악덕을 지속하려면 엄청난 대가를 치러야 한다.

먼저 우리 마음에서 화를 지워내야 한다. 최대한 화를 억눌러야 한다고 주장하는 사람들도 내 말에 어느 정도 동의할 것이다. 모든 악덕을 마음에서 비워버려라. 전혀 득이 될 것이 없다.

화를 지우면 더 쉽게 범죄를 뿌리 뽑을 수 있고 죄인을 정당히 처벌하고 바르게 이끌 수 있다. 현명한 사람은 격정의 도움 없이도 자신의 의무를 다할 것이고, 행여 정해진 선을 넘어서지 않을까 시시각각 감시해야만 하는 부수적인 것들에 현혹되지 않을 것이다.

16

절대 화라는 감정에
곁을 내어줘서는 안 된다

◆ 우리는 절대 화라는 감정에게 곁을 내어줘서는 안 된다. 물론 게으름 피우는 말에 박차를 가하고 횃불을 들어 자극하듯이 마음가짐이 흐트러진 사람의 반응을 보기 위해서 화난 것처럼 꾸밀 수는 있다. 아무리 이성적으로 대해도 전혀 변화가 없을 때는 살짝 겁을 줄 수도 있다. 하지만 화를 내는 것은 비탄에 잠기거나 두려움에 떠는 것보다 무의미한 짓이다.

반론

"하지만 어쩔 수 없이 화를 부르는 상황들이 자주 일어나지 않습니까?"

세네카의 화 다스리기

265

그렇다. 바로 그런 경우에 어떤 때보다 분노를 억누르려고 애써야 한다. 우리의 정신을 다스리는 것은 어려운 일이 아니다. 운동선수들은 상대 선수의 체력을 고갈시키기 위해서 그들이 날리는 강한 주먹과 그 고통을 참아내지 않는가? 그리고 화가 났을 때가 아니라 완벽한 기회가 왔을 때 상대를 향해 주먹을 날린다.

최고의 훈련가로 알려진 피로스는 절대 감정에 휘둘려서는 안 된다고 제자들에게 입버릇처럼 말하곤 했다. 화는 숙달된 기술을 망치고 오직 상대를 해칠 생각만 하게 만들기 때문이다. 화는 복수를 부추기지만 이성은 인내심을 가지라고 조언한다. 화에 휩쓸리면 처음 닥친 불운을 이기지 못하고 더욱 큰 불운에 빠지고 만다.

모욕적인 한마디를 참지 못해 멀리 추방당하는 자들도 있다. 아무것도 아닌 말을 묵묵히 견디지 못하고 스스로 깊은 나락으로 떨어지고 만다. 결국 화라는 감정에 지나치게 휩쓸려 몸과 마음의 자유를 포기하고 자기 손으로 목에 칼을 들이민 꼴이 되어버린다.

⒄

화의 도움을 구하지 말고
씩씩하게 대처하라

◆ 반론

"화를 느끼지 못하는 마음은 나약하기 짝이 없습니다."

화보다 더 강력하고 든든한 미덕을 갖추지 못한다면 당연히 나약할 것이다. 인간은 남의 것을 훔쳐서도 안 되고 빼앗겨서도 안 된다.

너무 마음이 약해서도 안 되고 그렇다고 잔인해도 안 된다. 전자는 지나치게 중심이 없고 후자는 지나치게 경직되어 있다. 현명한 사람은 중도를 유지해야 한다. 강력한 힘이 필요할 때는 화의 도움을 구하지 말고 씩씩하게 대처해야 한다.

○ 세네카의 화 다스리기

267

18

화내지 말고 진실을 알 때까지
적당한 시간을 가져라

♦ 우리는 악덕의 근본적인 원인과 맞서 싸워야 한다. 화는 내가
상처를 입었다는 믿음에서 시작된다. 하지만 그 잘못된 믿음에
쉽게 넘어가서는 안 된다. 우리가 받은 상처가 너무 확연해 눈에
띄더라도 절대 분노하지 말라. 때로는 잘못된 믿음이 진실인 양
위장하고 있기도 하니까. 진실을 알 때까지 적당한 시간을 가져
야 한다. 시간이 지나면 진실은 드러나기 마련이다.

모략을 일삼는 목소리에 쉽게 귀를 기울이지 말라. 우리가 타
고난 결함에 맞서며 진실을 알게 될 때까지 기다려야 한다. 인간
은 듣고 싶지 않은 말을 쉽게 믿는 경향이 있으며 올바른 판단을
내리기도 전에 분노에 휩싸이곤 한다.

중상모략과 미심쩍은 행동에 마음이 흔들려서 악의 없이 미소
를 지어보이는 사람을 오해한다면 어떻게 될 것인가? 눈앞에 없

세네카의 말

는 사람이라도 가급적 감싸주고 화내는 것은 잠시 뒤로 미뤄두는 편이 좋다. 죄를 캐묻고 처벌하는 것은 나중에 해도 되지만 한 번 처벌을 하고 나면 되돌릴 수 없다.

알렉산드로스를 보라. 그는 매우 용기 있는 자였다. 그의 주치의이자 친구였던 필리포스가 독살을 하려 들 수도 있다는 어머니의 경고 섞인 편지를 읽고도, 친구가 내민 술잔을 서슴없이 들이켰다. 그만큼 오랜 벗에 대해 깊은 신뢰를 가지고 있었던 것이다. 친구 필리포스가 결백하다는 것을 굳게 믿었기에 그는 진정한 벗을 가질 만한 자격이 충분했다. 알렉산드로스는 평소 화를 잘 내기로 유명했기에 그의 일화는 충분히 칭찬받아 마땅하다. 보통 왕의 자리에 있는 사람들이 온건함을 보이는 경우는 흔치 않은 터라 더욱 칭찬받아야 한다고 생각한다.

위대한 율리우스 카이사르 역시 내란에서 승리한 직후 정복자로서 자비로운 태도를 실천한 바 있다. 그는 폼페이우스 앞으로 배달하려던 편지 뭉치를 가로챘지만 내용을 읽지도 않고 그대로 불태워버렸다. 편지를 보낸 사람들은 카이사르와 폼페이우스 둘 중 어느 편도 아니거나, 주로 폼페이우스를 지지하는 자들이었다. 물론 가끔은 화를 낼 때도 있었지만 그는 되도록 화를 내지 않으려고 애썼다. 타인의 잘못을 속속들이 캐묻지 않는 것이 최선의 용서라고 여긴 것이다.

19

들리는 대로
쉽게 믿어선 안 된다

◆ 귀에 들리는 대로 쉽게 믿는 것만큼 치명적인 실수는 없다. 경우에 따라서 괜한 불신을 품고 의심을 하는 것보다 그냥 속는 편이 나을 때가 있기 때문에 때로는 귀를 닫을 줄 알아야 한다. 우선 의심과 불신으로부터 자유로워져야만 한다. 의심과 불신은 화를 불러일으키는 가장 큰 요인이다.

'저 사람 인사하는 걸 봐. 예의라곤 없잖아.' '이 사람은 내 인사를 받지 않을 기세군. 내가 말을 하는데 중간에 말허리를 자르잖아.' '저 사람이 나를 저녁 식사에 초대하지 않았어.' '저기 있는 사람을 봐. 나를 혐오하는 눈빛으로 쳐다보잖아.'

일단 의심이 고개를 쳐들면 이를 뒷받침할 증거들은 곳곳에서 찾을 수 있다. 우리에게 필요한 것은 상황을 있는 그대로 직시하고 담백하게 받아들이려는 태도다. 눈앞에서 직접 벌어진 일이거나 명백한 일만 제외하고는 그 무엇도 쉽게 믿지 말아야 한다. 또한 의심했던 일이 아무 근거 없는 것으로 밝혀진다면 스스로 반성하는 습관을 가져야 한다. 이런 식으로 본인을 단련하다 보면 쉽게 남의 이야기를 믿는 습관을 조금씩 고쳐나갈 수 있을 것이다.

20

사소한 일이나 문제로
쉽사리 화를 내진 말자

◆ 아주 사소한 일이나 그저 무시해도 되는 문제 때문에 쉽사리 화를 내서는 안 된다. 일꾼이 민첩하게 움직이지 않는다거나 물을 마시려는데 너무 뜨겁다거나 소파가 엉망이라거나 음식이 제멋대로 널려 있다거나 하는 소소한 일로 화를 내는 것은 광기와 다를 바 없다. 산들바람만 불어도 몸을 파르르 떠는 사람은 불쌍하지만 건강에 문제가 있는 사람이다. 새하얀 옷을 보고 눈이 부시다고 말한다면 시력에 문제가 있는 것이 분명하다. 다른 사람이 일하는 모습만 봐도 온몸이 욱신거리는 사람은 유흥에 찌들어 체력이 바닥난 것이다.

언젠가 시바리스의 시민이었던 민디리데스는 눈앞에서 삽질을 하고 곡괭이를 휘두르는 모습을 보는 것만으로도 지친다며, 자기 앞에서는 아무도 일을 하지 못하게 했다. 또 장미 꽃잎을

• 세네카의 말

베고 누워 있다가 잎들이 뭉개져서 등이 배겨 불편하다고 불만을 토로하기도 했다.

누구라도 쾌락에 찌들어 몸과 마음이 병들면 참을성이 바닥나기 마련이다. 정말 힘들어서가 아니라 본인이 유약해졌기 때문이다. 누군가 기침을 하고 콧물을 훌쩍이고, 주위에서 파리가 빙글빙글 맴돈다고, 강아지가 다리에 매달린다고, 일꾼이 실수로 열쇠를 흘렸다고 해서 화를 낼 필요가 있을까?

하물며 의자 다리가 바닥에 끌리는 소리가 귀에 거슬린다는 사람이 온갖 험한 말이 오가는 토론장을 어떻게 견뎌낼 수 있을까? 토론장이나 의사당에만 가도 사방에서 욕설이 난무하지 않는가! 하인이 꽁꽁 언 눈을 제대로 녹이지 못한다고 화를 내는 사람이 과연 한여름 전쟁터에서 목마름과 허기를 이겨낼 수 있을까?

평소 참을성이 없고 과도한 호사에 길들여진 사람들이 쉽사리 화를 느낀다. 하지만 이성을 굳게 단련시키면 매우 강력한 타격만 아니라면 어느 정도는 쉬이 견뎌낼 수 있을 것이다.

애꿎은 물건을 향해
화풀이를 하지 말라

◆ 우리는 화를 내도 만만한 상대이거나 다시 자신한테 복수를
할 수 없는 상대만 골라서 화를 낸다. 다시 복수를 할 수 없는 상
대 중에는 책과 같은 무생물도 포함된다. 글자가 너무 작다고 책
을 집어던지거나 작은 오류가 발견되었다고 찢기도 하고 옷이
마음에 들지 않는다고 쓰레기통에 처박기도 한다. 상대는 우리
가 얼마나 화가 났는지 알지 못할 뿐더러 별로 화낼 일도 아닌데
스스로 화를 못 이겨 분풀이를 하는 것은 얼마나 바보 같은 짓
인가!

반론
　"진짜 우리를 화나게 만드는 것은 그런 물건들이 아니라 그걸
만든 사람들입니다."

그에 대한 답변을 하겠다. 첫째, 우리는 정확히 어떤 것에 화가 났는지도 모르는 상태로 분노에 휩싸인다. 둘째, 어쩌면 그 물건을 만든 사람들도 나름대로 그럴듯한 변명거리가 있을 수 있다. 그보다 더 훌륭하게 물건을 만들 능력이 없다거나 제품을 만드는 기술이 아직 부족할 뿐이며 그걸로 누군가를 모욕할 의도는 없었다고 말이다. 마지막으로 정작 화를 내야 할 대상은 사람인데 그 분풀이를 물건에 하는 것만큼 미친 짓이 어디 있단 말인가?

스스로 어떤 짓을 저질러왔는지
그것부터 반성하자

✦ 불멸의 신들처럼 우리에게 절대 해를 끼치지도 유해를 바라지도 않으며 오로지 유익함과 이익만을 주는 힘을 가진 존재들이 있다. 그들은 타고난 기질 자체가 온화하고 평온하며 타인에게도 스스로에게도 해를 가하지 않는다. 그런 진리를 알지 못하는 멍청한 자들은 신을 붙들고 바다에 부는 거친 폭풍우와 쏟아지는 폭우, 길고 추운 겨울에 대한 불평을 늘어놓는다.

하지만 이렇게 우리를 힘들게 하는 자연의 현상들은 아무런 의도 없이 생겨나는 것일 뿐이다. 우주에 여름이 오고 겨울이 오고 또 다른 계절로 바뀌는 것은 자연의 섭리이며, 신의 의지를 그대로 실행하고 있는 것이다. 우리 스스로가 그러한 자연의 섭리를 뒤바꿀 수 있을 만큼 대단한 존재라고 생각한다면 그것은 엄청난 과욕이다. 이러한 자연현상은 우리에게 해를 끼치기 위한 것이 아니라 오히려 유익한 점이 많다.

방금 설명했듯이 어떤 것들은 우리에게 해악을 끼칠 수 없으며, 또 어떤 것들은 우리를 해할 의도 자체가 없다. 일정한 지위를 가진 사람들이나 부모, 교사 그리고 재판관들은 후자에 속한다. 이들이 행하는 따끔한 처벌은 외과 수술이나 식이조절처럼 다소 견디기 힘들지만 결국은 우리를 이롭게 한다.

만약 우리가 처벌을 받았다고 가정해보자. 그렇다면 당장의 고통스러움만 생각할 것이 아니라 우리가 어떤 짓을 저질렀는지부터 반성해야 한다. 지난 과거를 스스로 평가해보아야 한다는 것이다. 자신에게 솔직하게 고백해보자. 그러면 자신이 저지른 잘못보다 훨씬 가벼운 처벌을 받았다는 것을 깨달을 수 있을 것이다.

㉓
자신에게 잘못이 없다는 착각에서
화는 시작된다

✦ 온갖 세상사를 자로 잰 듯이 공정하게 재판한다면 그 누구도 죄로부터 자유로울 수 없다는 사실을 염두에 두어야 한다. 분노는 '나는 죄가 없다, 나는 아무 잘못도 없다.'라는 생각에서 시작된다. 우리는 그저 잘못한 것이 없다고 믿고 싶은 것뿐이다. 그래서 처벌을 받거나 질책을 받았을 때는 곧바로 반감부터 품는다. 본래 저지른 잘못에 고집과 오만함까지 더해지게 되는 것이다.

그 누가 자신은 어떤 위법 행위도 저지르지 않았다고 자부할 수 있겠는가? 만약 그런 자가 있다고 해도 그저 법이라는 한정된 범위 안에서만 가능한 일이다. 인간이 지켜야 할 적법한 행동의 범위는 지극히 제한적인 법의 범주를 한참 넘어서는 것이다. 효심, 친절함, 자애로움, 정의로움, 명예로움 같은 감정들은 한낱 법령 속에서는 절대 찾아볼 수 없는 것들이다.

•
세네카의
말

잠시 생각할 시간을 갖기 위해 화를 늦추어라

♦ 화를 치유하는 최고의 방법은 잠시 늦추는 것이다. 악행을 용서하기 위해서가 아니라, 잠시 생각할 시간을 갖기 위해서 화를 늦추어라. 처음에는 힘들겠지만 잠시만 늦추면 화도 점차 잦아든다. 한 번에 화를 없애려고 하지 말고 하나씩 하나씩 화를 제거하다 보면 어느새 완전히 사라질 것이다.

다른 사람을 통해 들은 말 때문에 화가 날 때도 있고 우리가 직접 보고 들은 것 때문에 화가 날 때도 있다. 하지만 남에게 전해들은 말은 쉽게 믿어버려서는 안 된다. 우리를 속일 생각으로 거짓말을 하기도 하고 그 자신도 속아서 말을 전하는 경우도 있기 때문이다.

어떤 사람들은 자신이 억울하게 고통을 받고 있다는 거짓 평계를 대기 위해 남에게 죄를 덮어씌운다. 친한 친구 사이를 갈라

놓기 위해서 거짓말을 하는 경우도 있다. 괜한 거짓말로 사이를 갈라놓고 저만치서 지켜보며 쾌재를 부르는 자들도 있다.

돈 때문에 벌어진 분쟁에서 판결을 해야 하는 입장에 놓였을 때 그 돈이 아무리 적다고 해도 그들의 주장을 뒷받침할 확실한 증인이 있는지 확인해야 한다. 또한 반드시 진실만을 말하겠다는 선서를 한 사람의 발언에 무게를 두어야 한다. 양쪽의 반론도 끝까지 들어보고 충분한 시간을 주어야 한다. 시간을 충분히 할애할수록 진실이 더욱 명확히 드러나기 때문에 서둘러 판결을 내려서는 안 된다.

•
세
네
카
의
말

최고의 복수는 복수할 가치조차 없다고 여기는 것이다

✦ 반론

"하지만 화라는 감정 자체에는 짜릿한 쾌감이 있습니다. 당한 만큼 되갚아주면 후련한 기분이 들거든요."

그렇지 않다. 은혜를 갚는 것이라면 몰라도 내가 당한 만큼 되갚아준다는 것은 전혀 명예로운 행동이 아니다. 선의에 굴복하는 것은 부끄러운 일이 아니지만 악의에 지는 것은 부끄러운 일이다. 복수하고 앙갚음을 하는 것은 아무리 정당한 상황이라도 악행을 저지르는 사람들과 크게 다르지 않은 결과를 가져온다. 결국 고통받은 만큼 고통을 주었다는 구차한 변명거리만 늘어놓을 뿐이다.

언젠가 공중목욕탕에서 로마의 정치가 마르쿠스 카토를 알아보지 못한 사람이 그를 실수로 쳤다. 마르쿠스를 알고도 그런 실수를 저지를 사람은 없을 테니까. 나중에 그 사람이 사과를 하자 마르쿠스는 이렇게 대답했다. "나는 맞은 기억이 없소." 마르쿠스는 복수를 하는 것보다는 그냥 모르는 척하는 편이 낫다고 생각했던 것이다.

반론

"그런 엄청난 무례를 저지르고도 아무 처벌도 받지 않았다는 건가요?"

그렇다. 처벌보다 오히려 더 좋은 것을 얻었다. 그 후로 두 사람은 사적으로 알고 지내게 되었으니 말이다. 악행은 미워할 가치조차 없다고 생각하는 것이 가장 좋다. 최고의 복수는 상대를 복수할 가치조차 없다고 여기는 것이다.

남에게 복수를 하려다가 오히려 자기 마음에 상처를 얻기 마련이다. 정말 위대하고 고귀한 사람들은 거대한 맹수와 같아서 작은 강아지들이 짖어대는 소리에 미동도 하지 않는다.

26

복수를 하더라도
화라는 감정은 배제하라

♦ 반론

"다른 사람 때문에 피해를 입었을 때, 바로 복수를 하면 우리
를 만만하게 보는 일이 줄어들지 않을까요?"

만약 복수를 단순한 해결책으로 활용하고자 한다면 화라는 감
정을 철저히 배제해야 한다. 복수를 즐기지 않고 그저 완벽한 수
단으로 삼아라. 하지만 복수를 하기보다 오히려 피해를 입지 않
았다고 생각하는 편이 나을 때가 있다.

강력한 힘을 가진 자에게 부당한 대접을 받았다면 그저 참는
것에 그치지 말고 활짝 웃는 모습을 보여야 한다. 그들의 행동이
막대한 피해를 주었다는 걸 보여주면 같은 악행을 되풀이할 것
이 분명하다. 엄청난 부로 인해 자만심에 찌든 자들은 자신이 해

를 가한 자들을 죽도록 증오하기도 한다.

그 많은 나이가 될 때까지 어떻게 왕의 비위를 맞추며 버텼냐는 질문에 나이든 조신이 한 대답은 이미 널리 알려져 있다. "아무리 부당한 대우를 받아도 항상 감사하다는 인사를 했기 때문입니다."

부당한 대접을 받았다고 복수를 한다면 무엇 하나 좋을 것이 없다. 또 대부분의 경우 부당한 대접을 받았다고 생각하는 것조차 우리에게 아무런 도움이 되지 않는다.

(27)

누군가 내게 화를 낸다면
오히려 친절함으로 대하라

◆ 우리는 화를 최대한 자제해야 한다. 화를 자극하는 사람이 같은 직책의 사람이건 윗사람이건 아랫사람이건 말이다. 동일한 직책의 사람과 다투면 사이가 벌어지고 윗사람과 싸우는 건 바보짓이며 아랫사람과 싸우는 것은 한심한 짓이다. 내 목을 조인 사람의 뒤에서 똑같이 목을 조이는 것은 비열한 행동이다. 개미와 쥐는 누가 손만 내밀어도 이빨을 드러낸다. 연약한 생물들은 건드리기만 해도 공격을 당한다고 생각한다.

과거에 상대가 우리에게 베풀어주었던 선행을 떠올리면 화가 조금은 누그러질 것이다. 현재의 기분 나쁜 감정을 과거의 추억으로 상쇄하라. 또한 이번 일을 용서하고 관용을 베풀었을 때 남들에게 큰 신뢰를 줄 수 있다는 점을 기억하라. 더불어 좋은 친구들을 많이 얻을 수도 있을 것이다. 화가 난다고 해서 그 화를

○ 세네카의 화 다스리기

상대의 자손 대대로 향하지 않도록 하라.

누군가를 용서하는 것이 죽기보다 싫다고 느껴질 때는 세상 사람 모두가 냉혹해진다면 어떤 좋은 점이 있을지 생각해보라. 스스로 용서를 거부했던 사람이 다시 엎드려 용서를 구하는 일이 얼마나 자주 벌어지는가? 과거 자신이 매정하게 퇴짜 놓았던 자의 발에 매달려 굽신대는 경우도 있다. 분노를 우정으로 바꾸는 것보다 더 아름다운 일이 있을까?

누군가 당신에게 화를 내고 있다면 오히려 친절함으로 대해야 한다. 말싸움은 한쪽에서 먼저 양보를 하면 곧바로 끝난다. 싸움에는 상대가 필요하기 때문이다.

서로 화를 내며 싸움을 시작했더라도 먼저 물러서는 자가 승리하게 된다. 그럴 때는 이기는 것이 결국 지는 것이다. 상대가 당신을 때렸다고 가정해보자. 그러면 한 발자국 물러서라. 상대에 맞서 주먹을 날리면 상대에게 다시 주먹을 날릴 여지를 주는 것이다. 한바탕 주먹다짐을 하고 이쯤에서 멈추고 싶다는 생각이 들어도 이미 때는 늦다.

(28)

일단 화를 내고 나면
돌이킬 수 없음을 알자

♦ 너무 힘껏 주먹을 날리는 바람에 자기 손까지 상대방의 상처에 박혀 이러지도 저러지도 못하는 상황에 처하는 것을 바라는가? 화는 바로 그런 무기다. 일단 화를 내고 나면 절대 돌이킬 수 없다.

우리는 주의를 기울여 다루기 쉬운 무기를 선택해야 한다. 손으로 잡기 쉽고 다루기 쉬운 칼처럼 말이다. 지나치게 격렬하고 흉폭하며 누군가의 마음에 돌이킬 수 없는 상처를 주는 일은 가능한 한 피해야 하지 않을까?

°세네카의 화 다스리기

3장

—

화를 억제하고
다스리는 법

머리끝까지 화가 난 내 모습을
거울에 비춰보자

♦ 머리끝까지 화가 난 모습을 거울로 비춰보는 것만으로도 큰
도움을 받은 사람들도 있다. 그들은 자신의 모습이 그렇게까지
달라질 수 있다는 사실에 큰 충격을 받는다. 분노가 치미는 순간
자기 모습이 어떤지는 아무도 모른다. 사실 거울에 비친 모습도
실제 화난 사람의 추악함을 아주 조금만 드러내줄 뿐이다.

　화가 나 있는 마음을 눈으로 볼 수 있다면 어떨까? 그 모습이
제대로 형체를 갖출 수 있다면, 아마도 시커멓고 군데군데 얼룩
지고, 안절부절못하며, 온통 뒤틀리고 퉁퉁 부어서 보는 것만으
로도 당황스러울 것이다.

　물론 거울 속에 비친 모습이 흉측하다고 화를 억누를 사람은
없을 거라고 주장할 수도 있다. 충분히 가능한 이야기다. 스스로
화를 억제하기 위해서 거울 앞에 비친 모습을 확인할 정도의 마

•세네카의 말

음이라면 거울이 없어도 마음을 달리 먹을 수 있을 테니까. 화에 휩싸인 사람들에게는 사납고 냉혹한 외양이 잘 어울리며 이는 화난 사람이 가장 드러내고 싶은 모습이다.

고결한 영혼은
악행에 쉽게 고개 숙이지 않는다

✦ 화로 인해 야기되는 온갖 해악들을 매번 마음속으로 가늠해볼 수 있다면, 누구나 화를 피할 수 있을 것이다. 그러기 위해서는 화로 인한 해악들을 철저히 파헤쳐 처벌하고 그로 인한 악덕들을 완전히 까발려야 할 것이다. 마지막으로 가장 최악인 악덕들과 화를 비교해가며 원인을 철저히 규명해야 한다.

물론 탐욕스럽게 긁어모은 것들이나 엄청난 부는 그런대로 잘 활용하면 된다고 주장하는 사람들도 있다. 하지만 화는 오로지 낭비일 뿐이며 반드시 대가를 치르게 된다. 그 때문에 화를 잘 내는 주인을 모시던 노예들은 대부분 탈주를 하거나 스스로 목숨을 끊는다.

결국 주인은 화를 이기지 못한 탓에 엄청난 손해를 입었고 애초에 그를 화나게 만든 것은 나중에 입은 손해에 비하면 매우 미

세네카의 말

미한 것이었다. 화는 아버지에게 슬픔을 안겨주며, 남편에게는 이혼을, 사법관에게는 증오심을, 후보자에게는 낙선의 아픔을 떠안긴다.

화가 사치스러움보다 나쁜 이유는 무엇일까? 사치스러움은 그 자체로 쾌락을 즐기지만 화는 타인의 고통을 즐긴다. 화는 질투심이나 악의보다도 악랄하다. 질투심이나 악의는 그저 타인이 불행해지기를 바라지만 화는 직접적으로 불행을 안기려고 한다. 전자는 우연히 불운이 닥쳐 타인이 불행해지면 즐거워하지만, 화는 불운이 닥치기를 기다리지 않고 직접 타인을 희생양으로 만들며 단순히 해악을 가하는 것에 그치지 않는다.

시기심보다 위험한 감정은 없다. 시기심은 화에서 생기는 것이기 때문이다. 전쟁보다 파괴적인 것은 없다. 전쟁은 권력을 가진 자의 화에서 시작된다. 별 볼일 없는 개인도 무기와 군대만 없을 뿐이지 전쟁을 치른다는 점에 있어서는 그들과 다르지 않다. 게다가 화는 인간 본성에 어긋나는 것이기 때문에 그로 인해 야기되는 온갖 결과들, 예를 들어 엄청난 손실과 치명적인 배신 그리고 끝없이 이어지는 다툼뿐만 아니라 남을 해한 것에 대한 처벌을 스스로도 면치 못한다.

인간의 본성은 타인을 사랑하고 남을 이롭게 하는 행동을 하라고 촉구하지만, 화는 증오심을 부추기고 남을 해하라고 자극한다. 게다가 화는 과도한 자만심에서 비롯되는 것이기에 본인은 활기 넘치는 사람이라고 생각하지만 사실은 비열하고 경멸스러운 사람에 불과하다. 스스로 무시를 당했다고 생각하는 사람은 사실 상대에 비해서 열등하며, 진실하고 훌륭한 인격을 갖춘 사람은 부당한 대접을 받았다는 것조차 느끼지 못하기에 상대에게 복수를 하지도 않는다.

뾰족한 창을 딱딱한 표면이나 물체에 던지면 반대로 튕겨 나와 창을 던진 사람이 다치기 마련이다. 이처럼 부적절한 행위는 고결한 정신에 해를 미치지 못한다. 해를 가하려는 상대보다 공격하는 사람이 더욱 나약하기 때문이다. 뾰족한 창으로도 뚫지 못할 만큼 부당함과 모욕에 강해질 수 있다면 이 얼마나 위대한 일인가! 복수를 감행한다는 것은 고통을 받아들이겠다는 뜻이다.

고결한 영혼은 악행에 쉽게 고개를 숙이지 않는다. 당신에게 해를 가한 사람이 당신보다 강할 수도 있고 약할 수도 있다. 만약 상대가 약하다면 용서를 베풀고 상대가 강하다면 스스로를 다스려라.

•
세네카의
말

294

31

화를 억누르는 전략은
각자 성격에 따라 결정된다

✦ 우리 마음속에서 화를 없애고 순간적인 충동을 억제할 수 있
는 방법에 대해 알아보기로 하자. 화로 인한 악영향이 소소하며
엄청난 피해가 없었을 경우에는 안팎으로 드러내어 화를 억제하
려고 노력하라. 반대로 화가 너무 강력하고 활활 타오를 경우 혹
은 장애를 만나서 더욱 거세어지고 기세가 높아진다면 은밀히
다루는 것이 좋다.

가장 중요한 것은 화가 얼마나 거센지, 얼마나 강한 힘을 가지
고 있는지를 파악하는 것이다. 그에 따라서 화를 억누르고 억지
로라도 제거할지, 아니면 활활 타오르기 시작한 화가 어느 정도
가라앉을 때까지 물러서 있을지 결정할 수 있다. 화가 너무 강력
할 때 함부로 덤볐다가는 무마하려는 시도조차 묻혀버릴 수 있
기 때문이다.

화를 없애고 억누르는 전략은 각자 성격에 따라 결정되어야 한다. 어떤 사람은 간절한 애원에 마음이 흔들리고, 상대가 납작 엎드리면 더 기고만장해져서 날뛰는 사람들도 있다. 겁을 주어서 화를 떨치기도 하고, 질책을 받거나 상대가 스스로 잘못을 인정하고 용서를 빌면 잠잠해지기도 한다. 어떤 사람은 수치심을 주면 화를 억누르기도 하고 어떤 사람은 시간을 가진 후에 스스로 진정이 된다.

성급하기 짝이 없는 화의 본성에 비하면 너무 느긋한 치료법이긴 하지만 다른 모든 수단이 실패했을 경우에는 각자의 성격에 따른 전략이 필요하다.

32

과중하거나 중요한 일에
휘둘리지 말자

♦ 우리는 그리스의 철학자 데모크리토스의 좌우명에서 값진 가르침을 얻을 수 있다. "마음의 평온은 공적 혹은 사적인 문제에 있어서 지나치게 힘을 쏟거나 주의를 기울이지 않을 때만 얻을 수 있다."

다양한 사안을 처리해야 하는 사람들은 하루가 멀다 하고 온갖 문제로 인해 또는 사람들 때문에 마음을 다치고 화나는 일이 다반사일 것이다. 사람들로 북적거리는 도심을 급하게 걷다 보면 사람들과 부딪치고, 발을 잘못 디뎌서 넘어지고, 어딘가에 막히고, 물벼락을 맞기도 한다.

아무런 지침도 없이 제멋대로 살다 보면 수많은 장애를 만나게 되고 불평불만이 늘기 마련이다. 누군가는 우리의 희망을 꺾고, 또 다른 사람은 희망을 이루지 못하게 가로막고, 희망을 송

두리째 뽑아버리는 사람도 있을 것이다. 이처럼 우리 계획은 의도대로 순탄하게 흘러가지 않는다.

매 순간 행운의 여신이 따라다닐 정도로 특별한 사람은 없다. 누구나 자기 계획이 실패하게 되면 다른 사람이나 어떤 일에 대해 인내심을 가지기가 힘들다. 그러다 보면 아무것도 아닌 일에 분개하고 때로는 사람에게, 자기 일에 혹은 그 장소, 아니면 본인에게 화를 낸다.

그러므로 마음의 평온을 유지하기 위해서는 앞서 말했던 것처럼 너무 과중한 일이나 중요한 일에 휘둘려 몸이 지치도록 해서는 안 된다. 짐이 가벼우면 어깨에 지고 다닐 때도 나르기 쉽고 넘어지지도 않지만 너무 무거운 짐을 지면 혼자 힘으로 지탱하기 어렵다. 무거운 짐을 지고 다니면 언제든 짐을 내려놓을 기회만 엿보게 된다. 짐이 무거우면 그 짐을 똑바로 지는 것만도 힘든 법이다.

33

너무 소소한 일이나
과중한 일을 맡지 말자

✦ 단순하고 다루기 쉬운 일은 우리가 의도한 대로 순순히 흘러
가기 마련이다. 하지만 당사자의 능력보다 과중한 일은 자기 뜻
대로 되지 않고 쉽사리 성사되지도 않는다. 그런 경우 오히려 일
에 휘둘려 엉뚱한 방향으로 가거나, 죽어라 노력해서 성공이 코
앞에 오더라도 결국에는 전부 망치기 마련이며, 실패에 무릎을
꿇고 만다. 쉬운 업무를 맡지 않고 자기가 맡은 업무가 쉽게 해
결되기를 바라는 사람들은 결국 실패하기 마련이다.

따라서 어떤 일을 시도하기 전에 두 가지를 고려해봐야 한다.
자신의 능력이 어느 정도이고 앞으로 하려는 일은 어떤 것인지,
또 스스로 얼마나 준비되어 있는지를 정확히 저울질해보아라.
이 점을 고려하지 않으면 절반의 성공에 그친 일을 오래 곱씹으
며 두고두고 좌절감이 들어서 화가 날 것이다.

물론 다혈질인지 냉정한 성격인지, 아무 의욕이 없는지에 따라 달라질 수도 있다. 평소 당당한 성격이라면 좌절로 인해 화를 낼 것이고 별 의욕이 없고 나약한 사람은 비탄에 잠길 것이다. 우리는 너무 소소한 일을 맡아서도 안 되고, 너무 과중한 업무를 맡아서도 안 되며, 너무 이루기 힘든 소망을 꿈꾸어서도 안 된다. 정작 성공해놓고도 본인 스스로가 놀랄 정도의 일이라면 애초에 시도하지 않는 편이 좋다.

● 세네카의 말

34

화라는 감정을 최대한
가슴 깊숙이 숨겨두어라

♦ 만약 화를 극복하고자 하는 의지가 있다면 화가 우리를 정복하지 못하도록 끝까지 싸워라. 화를 놓아주고 빠져나갈 구멍을 내어주지 않는다면 화를 다스릴 수 있을 것이다. 최대한 화의 증상들을 못 본 척하고 저만치 숨겨두어야 한다.

물론 화라는 놈이 어떻게든 튀어나오고 싶어 눈을 희번덕거릴 테니 엄청나게 힘들 것이다. 하지만 화라는 녀석이 일단 밖으로 표출되기 시작하면 화의 노예가 되기 쉽다. 그러므로 최대한 화라는 감정을 가슴 깊숙이 숨겨두고 절대 화에 휩쓸려서는 안 된다.

또한 화로 인한 증상들을 반대로 표출하려고 노력해야 한다. 평소처럼 편안한 표정과 부드러운 목소리로 걸음을 늦추며 화의 신호를 억눌러야 한다. 그러다 보면 평온한 겉모습에 맞추어 우리 마음도 천천히 평화를 찾아갈 것이다.

소크라테스는 화가 나면 억지로 목소리를 낮추고 말수를 줄였다고 한다. 이는 어떻게든 화를 억누르려고 무던히 노력하고 있다는 의미다. 이를 알아챈 친구들이 자신들 앞에서까지 화를 참는다고 불만을 토로하기도 했지만 소크라테스는 전혀 개의치 않았다. 그가 화났다는 사실은 알지만 그 화를 온몸으로 느끼지 않으니 얼마나 다행스러운 일인가? 만약 화를 억지로 참는 자신을 책망하는 소리에 흔들렸더라면 소크라테스 또한 불만이 생겼을 수도 있지만, 친구들 역시 소크라테스의 분노를 온몸으로 감내해야 했을 것이다.

우리도 소크라테스의 선례를 본받아야 하지 않겠는가? 가장 친한 친구들에게 솔직한 비판을 구하고 이를 참아내는 법을 배워야 한다. 아무리 화가 나도 스스로 극복하려고 애써야 한다. 정신이 똑바로 박혀 있고 우리 감정을 스스로 다스릴 수 있는 한 제멋대로 행동하려는 강력한 악덕에 굴복하지 않도록 스스로 도움을 구해야 한다.

술에 취해서 남들에게 피해를 주는 나쁜 습관이 있다면, 취했을 경우 주변 사람들에게 그 자리에서 데리고 나가달라고 미리 부탁해야 한다. 건강이 좋지 않은 상태에서 비이성적인 말을 일삼는다는 것을 깨달았다면 몸이 좋지 않을 때 뱉은 말은 한 귀로 흘려 달라고 부탁하는 것이 좋다.

가장 좋은 방법은 자신의 악덕을 멈추어줄 만한 장애물을 찾는 것이다. 그리고 순간적으로 마음이 흔들려 심각한 상황이 생기더라도 화를 표출하지 않기 위해서 항상 차분한 마음을 유지하는 것이 중요하다. 지나치게 화가 나려고 할 때는 최대한 그 화를 가슴에 감추고 상처를 드러내지 않으려고 애써야 한다.

지금까지 살펴본 여러 일화를 통해서 이런 방법이 충분히 실현 가능하다는 점은 이해했을 것이다. 여기서 우리는 두 가지 교훈을 얻을 수 있다. 첫째는 화가 인간을 완전히 정복해 상당한 힘을 발휘할 때 얼마나 사악해질 수 있는지이고, 둘째는 화를 더 큰 두려움으로 다스릴 때 얼마나 완벽히 제어할 수 있는가다.

35

화를 자극하는 것들에서
멀찌감치 떨어지자

♦ 화라는 감정에 좌우되지 않는다는 것은 극도로 위대하다는 것을 보여주는 확실한 증거다. 우주의 상층부는 별들과 가장 가까이 질서정연하게 머물러 있지만, 한데 모여서 구름을 만들지도 폭풍에 좌우되지도 회오리바람을 일으키지도 않는다. 우주의 하층부에서 번개가 번쩍이는 순간에도 상층부는 고요하고 평화롭기만 하다.

이처럼 숭고한 정신은 언제나 고요한 환경에 머물며 화를 자극하는 것들에서 멀찌감치 떨어져서 자제하며 평화롭고 정돈된 모습을 보인다. 화난 사람에게서는 이러한 모습을 찾아볼 수 없다. 수치심을 느끼지 못하는 자만이 슬픔과 격정의 영향에 고스란히 노출된다.

흥분과 광란에 휩싸여 누군가를 공격하려면, 자신이 가진 최소한의 수치심마저 던져버려야만 하지 않겠는가? 잔뜩 흥분한 사람이 과연 최소한의 의무를 이행할 수 있을까? 그런 상태에서 온전한 언어를 쓸 수 있을까? 자기 몸뚱이는 제어할 수 있을까? 분명 전속력으로 달음박질할 수밖에 없을 것이다.

36

화를 자극할 만한 사람들과
아예 어울리는 것을 피하자

✦ 우리는 부당한 일을 당하면 이를 견뎌낼 인내심이 부족하기 때문에 가능한 그런 일을 당하지 않도록 조심해야 한다. 너무 불안정하거나 퉁명스러운 사람은 되도록 멀리하고 조용하고 편한 성품의 사람들과 어울려야 한다.

가까이 어울리는 사람들끼리는 성격도 닮아가기 마련이다. 살짝만 접촉해도 전염병이 옮는 것처럼 친한 사람들끼리는 습관도 닮는다. 술을 좋아하는 사람은 친구들을 꼬드겨 와인을 마시도록 만들고 성적으로 자유분방한 사람들은 도덕적이고 곧은 신념의 소유자도 타락하게 만든다. 탐욕은 주변 사람들에게도 독약을 퍼트린다.

미덕도 똑같은 작용을 하지만 결과는 정반대다. 미덕은 주변의 모든 것들을 발전하도록 만든다. 아픈 사람들이 따뜻하고 토양이 좋은 곳에서 살면 건강해지는 것처럼 좋은 사람들과 어울리면 우리도 큰 도움을 받고 강인한 마음을 지니게 된다.

이런 시도가 얼마나 효과적인지는 주변에서도 쉽게 확인할 수 있다. 야생동물조차 인간과 함께 어울리다 보면 온순하게 길들여지기 마련이다. 시간이 지나면서 타고난 야생성은 누그러지고 점차 평온해지면서 완전히 사라지게 된다.

평온한 사람들과 함께 살다 보면 마음의 평온을 얻게 되고 화를 낼 이유 자체가 없어지기 때문에 예전처럼 악한 행동을 저지를 기회가 없어진다. 그러다 보면 결국에는 본인의 화를 자극할 만한 사람들을 스스로 피하게 된다.

반론

"화를 자극하는 사람들은 어떤 사람입니까?"

우리의 화를 자극하는 사람들은 수도 없이 많다. 그 이유도 제각각이다. 오만한 사람들은 경멸의 말을, 지나치게 말이 많은 사람들은 모욕적인 언행을, 무례한 사람들은 건방진 태도를, 심술 궂은 사람들은 사악한 의도를 보인다.

호전적인 사람들은 싸움을 걸어올 것이며 허풍쟁이는 허황된 거짓말로 화를 자극할 것이다. 의구심에 가득 찬 사람은 의심의 눈초리로 쳐다보고, 고집불통인 사람은 당신을 이기려고 기를 쓰며, 오만하기 짝이 없는 사람은 당신을 무시한다. 그러면 누구라도 참기 힘들 것이다.

솔직담백하고 천성이 바르고 절제할 줄 아는 사람들을 골라서 사귀어라. 그들은 우리의 화를 돋우지 않을 것이며 화를 낸다고 무조건 참지도 않을 것이다. 양보할 줄 알고 인정이 넘치고 온화한 사람이 제일 좋지만 지나쳐서 아첨꾼처럼 보여서는 안 된다.

지나친 아첨은 오히려 화를 자극하기도 한다. 내 주변에 속내는 착하지만 화를 잘 내는 친구가 있는데 지나친 아첨은 저주의 말을 건네는 것만큼이나 화를 자극해서 매우 위험하다.

37

싸움이 시작되기 전에
논쟁을 멈추어야 한다

♦ 로마의 웅변가 카엘리우스는 화를 잘 내기로 유명한 사람이 었다. 언젠가 카엘리우스가 참을성이 많기로 소문난 지인과 식사를 할 기회가 있었다고 한다. 같은 자리에서 식사를 하는데 어쩌다 보니 말씨름을 하게 되었다. 참을성이 많은 지인은 카엘리우스의 심기를 건드리지 않으려면 무슨 말이건 맞장구를 쳐주면 되겠다고 생각했다.

상대가 계속 맞장구만 치자 마침내 카엘리우스는 화가 나서 이렇게 외쳤다. "이봐, 뭐라고 반박을 해보란 말이야! 그래야 말싸움이 되지 않겠어?" 상대가 아무 반응이 없다고 도리어 화를 내던 카엘리우스도 싸울 상대가 없어지자 점차 누그러졌다.

만약 쉽게 화를 내는 성격이라면 당신의 얼굴빛과 말소리까지 꿰뚫어볼 수 있는 세심한 친구를 사귀어야 한다. 무조건 오냐오

냐 봐주기만 하면 남의 말을 듣지 않으려고 하는 나쁜 습관이 생길 수도 있다. 물론 그런 친구 덕분에 참을성이 없고 조급한 성격이 조금은 누그러지고 잠시 휴식할 수 있는 여유가 생긴다는 장점도 있다.

제아무리 까다롭고 거친 사람도 부드럽게 감싸주는 사람에게 화를 내지는 않을 것이다. 야생동물도 다정하게 토닥여주는 사람에게는 거칠게 덤비지 않는 법이다.

평소보다 논쟁이 길어져서 자칫 싸움으로 번질 기미가 보이면 싸움이 시작되기 전에 멈추어야 한다. 싸움이 벌어지면 점점 나락으로 빠지기 마련이다. 한바탕 싸움을 벌이다가 뒤로 빠지는 것보다 애초에 싸움을 시작하지 않는 편이 좋다.

㉚

몸과 마음이 지치지 않아야
쉽사리 상처받지 않는다

♦ 화를 잘 내는 성격은 가능한 한 부담스러운 업무를 피해야 한
다. 과도하게 피로하지 않는 선까지만 업무를 맡고, 정말 힘들
때는 예술로 지친 마음을 달래야 한다. 시를 읽거나 전설적인 역
사에 심취해보는 것도 좋다. 세련되고 가치 있는 예술로 마음을
정화시켜라.

　그리스의 철학자 피타고라스는 마음이 복잡할 때마다 하프를
연주하며 마음을 달랬다고 한다. 전장에서 울리는 뿔피리 소리
와 나팔 소리는 우리를 흥분시키고 아름다운 노래들은 마음을
달래준다는 사실은 모두가 알고 있다. 초록색은 눈의 피로를 풀
어준다. 이처럼 시력이 약한 사람에게 도움이 되는 색깔이 있는
가 하면 너무 밝은 색은 눈을 더욱 시리게 만든다. 그와 마찬가
지로 즐거운 여가 생활은 지친 마음을 달래는 데 제격이다.

우리의 뒤틀어진 격정을 자극할 소지가 있는 것, 예를 들어 법정이나 변론, 심판대 같은 것은 되도록 피해야 한다. 또한 육체적인 피로를 느끼지 않는 것도 중요하다. 일단 몸이 지치면 본래 고요하고 온화했던 마음이 사라지고 비통함에 젖는다.

예로부터 공감 능력이 떨어지는 사람들은 중요한 업무를 처리하기 전에 적당히 음식을 섭취해서 담즙을 진정시켰다. 담즙은 체내에 피로가 쌓이면 과다 분비되기 쉬운데 열이 몸의 중심으로 몰려서 혈관이 막히고 혈액 순환이 어려워지면서 피가 탁해지며 담즙 분비를 자극한다. 또 마음이 불안하거나 지치면 그 무게를 못 이기고 쉽사리 화가 나기도 한다.

병이 들거나 나이가 많이 들어서 쇠약해진 사람들이 화를 잘 내는 것도 바로 이 때문이다. 그렇기 때문에 되도록 갈증을 느끼거나 허기를 느끼지 않게 하는 것이 좋다. 배가 고프고 목이 마르면 마음이 불안해지고 쉽게 짜증이 나기 때문이다.

"지친 사람은 싸움을 찾아다닌다."라는 옛말도 있듯이, 배고픈 사람, 목이 마른 사람 그리고 불만에 가득 찬 사람도 싸울 거리를 찾아 헤맨다. 몸에 생긴 아주 작은 상처를 살짝 스치는 것, 아니 스친다는 생각만으로도 아픈 통증이 전해진다.

이처럼 마음이 유약해지면 소소한 일에도 쉽사리 상처를 받는다. 그럴 때는 짧은 인사말, 편지, 대화, 질문 등에도 화가 나기 마련이다.

세네카의 말

39

내가 취약한 부분이 어디인지
잘 알고 있어야 한다

✦ 화라는 지독한 병은 불평불만과 함께 시작된다. 가장 좋은 방
법은 뭔가 잘못되어 가는구나 싶은 느낌이 올 때 바로 치료하는
것이다. 입에서 불평이 새어나오지 못하게 막고 공격적인 행동
으로 이어지지 않도록 조심해야 한다.

　격정이 시작되려는 시작점에서 이를 감지하는 것이 가장 쉽
다. 병이 시작되기 전에는 반드시 전조증상이 있기 마련이다. 폭
풍이 시작되기 전에도 조짐이 보이는 것처럼 평온한 마음을 뒤
흔드는 분노, 사랑, 여타의 격렬한 감정들이 일어나기 전에는 반
드시 전조증상이 있다.

　우리를 초조하게 만드는 요인이 무엇인지 깨달아야 한다. 어
떤 사람은 모욕적인 말을 참지 못하는가 하면 모욕감을 주는 행
동을 참지 못하는 사람도 있다. 또 어떤 사람은 자신의 지위만큼

남들이 대접해주는지에 대해 민감하게 반응하고, 다른 사람은 자신의 감각을 칭찬해주는지, 또 본인의 학식을 높이 평가해주는가에 집착한다. 오만한 태도를 참지 못하는 사람이 있는가 하면 고집불통인 사람들을 참지 못하는 사람도 있다.

자기가 부리는 하인에게 화를 내는 것조차 불필요하다고 생각하는가 하면, 집에서는 폭군이지만 밖에서는 한없이 자애로워지기도 한다. 공적인 제안을 받으면 본인에게 별 호감을 느끼지 못한다 생각하기도 하고 반대로 모욕으로 받아들이는 사람도 있다.

이처럼 사람들은 각기 다른 것에 화를 느낀다. 그렇기 때문에 자신의 취약한 부분이 어디인지 잘 알고 있어야만 그 부분을 특별히 보호할 수 있다.

모욕을 받았다고 여기지 말고
농담으로 치부하라

♦ 온갖 것들을 보고 듣는 것이 반드시 좋은 것만은 아니다. 어느 정도는 모른 척하고 지나쳐 보내야만 그만큼 화를 자극하는 것들을 흘려보낼 수 있다. 걸핏하면 화내는 사람이 되고 싶지는 않을 것이다.

그렇다면 하나하나 따져 묻지 말라. 주변 사람들이 나에 대해 뭐라고 말하는지, 혹시 비밀리에 말도 안 되는 헛소문이 퍼져 있지는 않은지, 이런 것들을 하나하나 따지다 보면 결국 스스로 화를 돋우는 것밖에 되지 않는다.

물론 관점에 따라서 심한 모욕을 받은 것처럼 보일 수도 있다. 가장 좋은 방법은 가끔은 못 들은 척도 하고 그냥 웃어넘기기도 하고 아니면 용서하고 마는 것이다. 화를 참기 위한 방법은 수없이 많지만 그저 농담으로 치부해버리는 것이 제일 좋다.

언젠가 소크라테스가 난데없이 누군가에게 뺨을 얻어맞고 이렇게 말했다고 한다. "대체 언제 투구를 써야 할지 알 길이 없으니, 정말 답답한 일이군."

어떻게 부당한 대접을 받았는지는 중요치 않다. 중요한 것은 어떻게 이를 참아냈느냐는 것이다. 절제하는 것은 그리 힘든 일이 아니다. 타고난 성품이 어떤지와는 상관없이 엄청난 행운을 누리며 제멋대로 살아온 폭군들조차 본인의 야만성을 억누르지 않았던가!

역사에 기록된 바로는, 아테네의 폭군으로 알려진 피시스트라투스의 만찬회장에서 비슷한 일화가 있었다고 전해진다. 만찬회에 온 손님 중 한 명이 피시스트라투스의 잔혹성에 대해 꼬치꼬치 따지고 들었고 사방에서 그를 가만히 두면 안 된다는 불만이 들끓었다. 그런데도 피시스트라투스는 아무렇지 않은 듯 자신의 화를 돋우려는 사람들에게 이렇게 말했다. "앞을 못 보는 사람이 실수로 나와 부딪혔다고 해서 화를 낼 수는 없는 일이 아닌가."

나를 화나게 만든
상대의 입장에서 생각해보자

♦ 대부분의 사람들이 아무 근거도 없는 의심이나 사소한 문제를 트집 잡아서 스스로 불만을 만들어낸다. 화가 제 발로 우리를 찾아오기도 하지만 스스로 화를 찾아 나서기도 한다는 뜻이다. 절대로 화를 찾아가서는 안 된다. 아무리 화가 우리 발목을 잡아도 거칠게 뿌리칠 줄 알아야 한다.

"지금 나를 기분 나쁘게 하는 일은, 언젠가 나도 똑같이 했던 일이거나 혹은 했을 수도 있는 일이다." 이렇게 말하는 사람은 아무도 없다. 우리는 왜 그런 행동을 했는지는 궁금해하지 않고 그 행동 자체만을 문제 삼는 경향이 있다.

먼저 그 행동을 하게 된 이유부터 살펴라. 그 일을 의도적으로 한 것인지, 실수로 그런 건지, 누군가의 강압에 의한 행동인지, 아니면 잘못된 판단으로 인한 것인지 말이다. 증오심 때문에 저

317

지른 짓인지, 어떤 대가를 바라고 한 일인지, 그 사람 본인의 만족을 위한 일인지, 아니면 친구를 위해 벌인 일인지도 중요하다. 그 상대의 나이가 몇인지, 혹은 운이 없어서 벌어진 일인지도 고려해봐야 한다. 나를 기분 나쁘게 만든 상대와 그 행동을 관대하게 용서하는 인도주의적인 태도를 보이는 것도 나쁘지 않다.

우리를 화나게 만든 상대의 입장에서 생각해보자. 그러면 진짜 우리를 화나게 만드는 것은 자신이 잘못된 평가를 받았다는 사실 때문이라는 것을 알 수 있다. 어쩌면 내가 저질렀을 수도 있는 일로 남을 괴롭히는 것은 옳지 않다.

(42)

화를 치유하는 가장 좋은 방법은
잠시 멈추는 것이다

♦ 누구도 자신의 화를 유예하려고 하지 않는다. 화를 치유하는
가장 좋은 방법은 잠시 멈추는 것이다. 시간을 가지다 보면 처음
화가 났던 것이 누그러지고 온통 시커먼 구름이 덮여 있던 마음
이 맑아진다. 최소한 더 어두워지지는 않는다.

하루, 아니 한 시간 정도만 지나면 앞뒤 보지 않고 덤벼들었던
태도가 누그러지고 어떤 경우 화가 스스로 가라앉을 것이다. 비
록 화를 잠시 미루어두는 것으로 아무것도 얻지 못하더라도 적
어도 분노의 감정이 아닌 상태에서 정확히 판단할 수 있다. 무언
가에 대한 진실을 알고 싶다면 그것에 적당한 시간을 주어라. 혼
란스러운 상태에서는 아무것도 정확히 볼 수가 없다.

화가 난 플라톤이 그 즉시 노예에게 윗도리를 벗으라고 지시
하고 직접 채찍질을 하려고 했다는 일화가 전해진다. 한 손을 높

이 치켜드는 순간 스스로 화가 났다는 사실을 깨달은 플라톤은 금방이라도 채찍을 휘두를 것 같은 자세로 한참을 가만히 있었다. 바로 그때 우연히 한 친구가 그 모습을 보고 뭐하는 중이냐고 물었다. 플라톤의 대답은 이러했다. "화를 주체하지 못하는 자를 벌주고 있는 중일세."

플라톤은 격정을 다스리기 위해서 한참 동안 그 자세를 유지했다. 금방이라도 채찍질을 할 것 같은 그의 모습은 철학자와 전혀 어울리지 않는 것이었다. 순간 플라톤은 방금 전 자신을 화나게 했던 노예에 대해서는 까맣게 잊어버렸다. 정작 벌을 받아야 할 사람은 따로 있었던 것이다.

결국 플라톤은 노예를 관리하는 권한을 스스로 포기했다. 그리고 자신의 잘못된 행동에 언짢아져서 이렇게 말했다. "스페우시포스, 내가 너무 화가 나 있으니 자네가 저 친구를 매로 다스려주겠나?"

플라톤은 이 방법으로 다른 사람의 잘못으로 말미암아 스스로 오류를 범하는 것을 피할 수 있었다. '나는 화가 나 있다. 지금은 필요 이상으로 화를 내고 있으며 오히려 즐기면서 저 노예를 때릴 수도 있다. 자기 감정조차 다스리지 못하는 사람이 노예를 다스릴 수는 없는 일이다.'

최고의 철학자인 플라톤도 스스로 채찍을 내려놓았는데 그 누가 화난 사람에게 복수를 떠맡길 수 있겠는가? 화가 나 있는 상태에서는 가능한 한 어떠한 행동도 하지 말아야 한다. 이유가 궁금한가? 일단 화가 나면 그 순간에는 어떤 짓이라도 하고 싶어지기 때문이다.

⑷

상대방의 변명을 그저 믿어주고,
자비를 베풀자

✦ 화가 나려고 할 때는 스스로 자문해보자. '나는 필리포스보다 막강한 힘을 가진 사람인가?' 마케도니아의 왕 필리포스조차 엄청난 모욕과 무시를 꿋꿋이 참아내지 않았던가! 전 세계를 손아귀에 쥐고 흔들었던 아우구스투스 황제보다 고작 집에서 군림하는 내가 힘이 세단 말인가? 아우구스투스 황제도 자신을 욕보이는 사람들에게 그저 등을 돌리는 것으로 만족했다.

내가 얼마나 대단한 사람이라고 다른 이가 좀 시끄럽게 굴었다고 해서 죄인 취급을 한단 말인가? 많은 사람들이 기꺼이 적을 용서한 바 있다. 다소 게으르고 조심성이 없고 말수가 많다고 해서 용서하지 못할 이유가 무엇인가?

어린아이들은 나이가 어리니 용서하고, 여자는 그 자체로 용서해야 하며, 낯선 사람은 그럴 자유가 있으니 용서해주어야 한다. 잘못된 행동을 한 것이 처음인가? 그렇다면 오랜 세월 똑바로 처신했던 것을 떠올려보라. 지금까지 여러 번 잘못을 되풀이했는가? 그럼 지금까지 해온 것처럼 한 번 더 참아주어라. 상대가 친구인가? 그렇다면 고의로 잘못하지는 않았을 것이다. 상대가 적인가? 적이라면 해를 끼치는 것이 당연하다.

평소에 이성적으로 행동하던 사람이라면 그의 변명을 있는 그대로 믿어주어라. 평소에도 어리석었던 사람이라면 최대한 자비를 베풀라. 다른 사람이 잘못된 행동을 할 때마다 스스로 이렇게 말하라. "제아무리 현명한 사람도 실수를 저지를 때가 있다. 누구든 조심성을 잃고 제멋대로 행동할 수 있다. 인생 경험이 풍부한 사람도 진지함을 잃고 잘못된 행동을 할 수 있으며 언제나 남의 기분을 상하게 하지 않으려 조심하던 사람도 가끔은 실수로 남의 기분을 상하게 만들 수 있다."

44

그 어떠한 타격에도
미동하지 않는 사람이 되자

♦ 우리의 젊은 시절을 돌이켜 생각해보아라. 자신의 의무를 소홀히 하고 말조심을 하지 않고 술을 절제하지 못했던 적이 얼마나 많은가? 지금 화를 내고 있다면 스스로 어떤 행동을 해왔는지 돌이켜볼 시간을 주어라. 그렇다면 스스로 잘못을 바로잡을 수 있을 것이다.

우리는 자신의 행동에 대한 책임을 져야 한다. 그렇다고 상대가 했던 것처럼 똑같은 행동으로 되갚아줄 필요는 없다.

우리를 화나게 만들고 자극하는 사람을 못 본 척 넘어가는 사람은 언제라도 사람들과 일정한 거리를 유지하고 꿋꿋한 태도로 버텨낸다. 엄청난 타격을 받아도 미동하지 않는 것이 진정한 위대함이다.

이는 몸집이 거대한 야생동물이 개가 왈왈거리며 짖는 소리에 별 반응을 보이지 않는 것과 같다. 또한 바다 한가운데 있는 커다란 바위가 높은 파도에도 꿈쩍하지 않고 맞서는 모습도 이와 비슷하다. 쉽게 화에 휩쓸리는 사람은 되도록 화를 내지 않고 해악에도 흔들리지 않는 사람을 보면서 배워야 한다.

방금 전에 설명했듯이 그 어떠한 해악에도 꿈쩍하지 않는 사람은 한쪽 팔에 고결한 선을 품고 있는 것과 같다. 그는 다른 사람뿐만 아니라 자신을 시험하는 운명을 향해 떳떳이 대답할 수 있다.

"어디 한번 나를 흔들어보시오. 나의 평정심을 흐트러트리기에 그대는 너무 나약한 존재니까. 이성이 그대를 멈추게 할 것이오. 평생을 이성의 조언을 신뢰하며 살아왔소. 당신이 나를 해하는 것보다 그 후에 내가 화를 내는 것이 더욱 큰 해악을 불러올 것이 분명하오. 더 큰 해악을 불러온다는 게 믿기지 않는다고? 당신이 내게 미치는 해악은 한계가 정해져 있지만 화라는 격정이 나를 어디까지 끌고 갈지는 모르기 때문이오."

양심의 가책으로 고통받는 것보다 더 큰 벌은 없다

♦ 반론

"정말 참기가 힘듭니다. 부당한 일을 당하면 도저히 참을 수가 없어요."

그 말은 거짓이다. 화를 참을 수 있는데 부당한 일을 참지 못할 이유가 무엇인가? 우리는 타인에 의해 부당한 일을 당하는 것과 화를 동시에 참아내고자 하는 것이다.

그렇다면 병자가 정신착란 증세를 보이고 광기에 시달리는 사람이 미친 짓을 하고 어린아이가 주먹을 휘두르는 것은 어떤 이유로 참아 넘겨야 할까?

그야 당연하다. 그들은 자신이 어떤 행동을 하는지 모르기 때문에 참게 되는 것이다. 본인이 저지른 행동에 책임지지 못한다

세네카의 말

면 어떤 이유로 잘못을 저질렀는지는 중요치 않다. 무지로 인해 잘못을 저질렀다는 변명은 어떤 경우에도 통용되는 것이다.

반론

"아무 의도도 없이 잘못을 저질렀다면, 어떤 처벌도 받지 않는다는 건가요?"

우리가 처벌을 원한다고 해도 그는 이미 더한 처벌을 받았다. 최고의 처벌은 자신이 남에게 해를 주었다는 사실을 알아차리는 것이다. 본인 스스로 양심의 가책으로 고통받는 것보다 더 큰 벌은 없을 것이다.

나아가서 인생에서 벌어지는 갖가지 사안들을 공정하게 심판하기 위해서 우리가 타고난 본성에 대해 반드시 고려해봐야 한다. 인간이 공통적으로 갖고 있는 결점 때문에 누군가 비난을 받는다면 이는 너무나 불공평한 일이다.

우리에게 평화를 주는 건
오직 용서뿐이다

♦ 인간은 본성적으로 성급하고 부주의하며 쉽게 믿지 않고 불만에 차 있으며 야망을 쫓는 존재다. 왜 인간이 타고난 약점들을, 일반적인 사악함을 감추려고 하는지 궁금하지 않은가? 인간은 모두 사악하다. 다른 사람들이 보이는 사악한 성질은 우리 마음속에서도 쉽게 찾을 수 있다.

왜 우리는 저 사람의 얼굴이 창백한지, 왜 저리 깡말랐는지 살펴보고 있는가? 의심은 전염병 같은 것이다. 그렇기 때문에 우리는 서로 더 자애로워져야 한다.

인간은 모두 사악한 존재이며 우리는 사악한 존재들 사이에서 살아가고 있다. 우리에게 평화를 줄 수 있는 것은 단 하나뿐이다. 바로 서로를 용서하는 것이다.

반론

"그 사람은 저에게 해악을 끼쳤지만, 저는 아무 짓도 하지 않았습니다."

아니다. 당신은 이미 다른 사람에게 나쁜 짓을 했을 것이다. 그게 아니라면 언젠가 타인에게 해악을 끼칠 수도 있을 것이다. 한 시간, 아니 하루 사이의 일만 가지고 스스로를 정당화하지 말라.

우리 마음이 전반적으로 어떤 경향을 갖고 있는지 염두에 두어라. 아직 타인을 해한 적이 없다고 해도 언젠가는 타인에게 해를 끼칠 수 있는 가능성이 얼마든지 있다.

47

상대의 사악함에
친절함으로 맞서야 한다

✦ 누군가 죄를 지었다. 이번이 처음인가, 아니면 마지막이 될 것
인가? 상대가 다시는 그런 잘못을 저지르지 않겠다고 말한다고
해서 곧이 믿을 필요는 없다. 그는 앞으로도 죄를 지을 것이고
또 누군가는 그에게 잘못된 행동을 할 것이다. 결국 악행의 구렁
텅이에서 평생을 보내게 될 것이다. 그러므로 우리는 사악함에
친절함으로 맞서야 한다.

　슬픔에 잠긴 사람에게 건네는 말은 화가 난 사람에게도 같은
효과를 보일 것이다. "언제까지 화를 낼 거야? 계속 이렇게 화를
낼 생각이야? 언제든 화를 풀 거라면 화가 제풀에 꺾이기 전에
스스로 화를 잠재우는 편이 낫지 않을까? 계속 이렇게 흥분한 채
로 지낼 생각이야? 스스로 혼란스러운 삶을 자초하고 있는 게 느
껴지지 않아? 영원히 분노에 휩싸여 살아가는 사람의 인생이 어

떤 모습일지 그려지지 않아?"

시간이 지나면 아무리 식어가는 분노에 다시 불을 지펴보려고 애써도 제풀에 지쳐 사라질 것이다. 그렇다면 그때가 되기를 기다리는 것보다 스스로 화를 이겨내는 편이 더욱 바람직하지 않은가?

불같이 화를 내야만
정당성을 인정받는 게 아니다

◆ 칭찬받아야 마땅할 사람을 증오하는 것만큼 수치스러운 일이 또 있을까? 측은지심을 가져야 마땅한 사람을 증오하는 것은 그보다 더 수치스러운 일이다. 일순간 노예로 전락했지만 이전에 자유롭게 살던 습관이 몸에 배어 힘든 잡무를 제대로 수행하지 못하거나, 평소 게으르게 살았던 탓에 동작이 굼뜨다거나, 주인이 타고 가는 말이나 마차를 따라잡을 만큼 빠르게 뛰지 못한다든가, 며칠 밤낮을 새며 망을 보느라 지쳐서 곯아떨어진 경우는 마땅히 측은지심을 가져야 할 대상이다.

정말 그 일을 해낼 능력이 없는 것인지 아니면 해내고자 하는 의지가 없는 것인지는 분명히 구분해야 할 문제다. 덮어놓고 화를 내기보다 상황을 제대로 판단해보면 애꿎은 일로 질책을 당하는 사람들이 줄어들 것이다. 하지만 우리는 처음 화가 치밀었

을 때의 충동에 따라 행동하고 별일이 아니었다는 사실이 밝혀
진 후에도 끝까지 화가 난 상태로 밀고 나간다.

화를 내는 이유가 타당하지 않음에도 끝까지 고집을 피우는
것이 가장 부적절한 행동이다. 우리는 불같이 화를 내야만 그 정
당성을 인정받기라도 하는 것처럼 분노를 삭이지 않고 끝까지
키워나간다.

4장

—

화를 내면서 살기엔
인생이 너무 짧다

화의 시작점이
하찮은 일이었음을 깨닫자

✦ 애초에 화를 내게 된 시작점이 별일이 아니며 하찮은 일이었다는 것을 깨닫는 것이 제일 좋은 방법이다. 화난 사람들의 면면을 자세히 들여다보면 말 못하는 짐승들이 보여주는 행동을 똑같이 발견할 수 있다.

우리는 별것도 아닌 일에 화를 낸다. 수소는 붉은색을 보고 흥분하고, 코브라는 그림자만 봐도 고개를 쳐들며, 곰과 사자는 펄럭이는 천 조각에 흥분한다. 거칠고 야만적인 본성을 타고난 생명체들은 소소한 것들에 자극을 받는다.

게으르고 불안과 초조에 시달리는 사람들에게서도 같은 반응을 볼 수 있다. 그들은 항상 의구심에 가득 찬 눈으로 주위를 살핀다. 악의 없는 행동을 악행으로 치부하고 자신이 화를 불태우게 된 그럴듯한 도화선으로 삼아버린다. 가장 가까운 친구가 내가 기대했던 것보다 더 많은 것을 다른 사람에게 주었다는 이유로 분노의 화살을 겨냥하기도 한다. 이런 애처로운 상황들에도 적절한 해결책은 존재한다.

누군가 나보다 경쟁자에게 큰 호의를 베풀었다면 어떨까? 그렇다면 이를 비교하기보다는 그저 우리가 가진 것에 만족해야만 한다. 자기보다 더 나아보이는 사람을 보며 괴로움을 느낀다면 결코 행복해질 수 없다.

우리가 희망했던 것보다 부족한 결과가 나왔는가? 그렇다면 애초에 지나치게 큰 기대를 가졌던 것이다. 다른 무엇보다도 이런 화를 경계하는 것이 중요하다. 이는 가장 파괴적인 분노이며 우리가 신성하게 지켜야 할 것들을 전부 파괴해버리기 때문이다.

50

불평하기보다는 감사하고,
때가 오기를 기다리자

♦ 타인이 가진 것에만 눈길을 돌리는 사람은 절대 자기가 가진
것에 만족하지 못한다. 그래서 자기 뒤에 얼마나 많은 사람이 있
는지는 보지 못하고 자신보다 앞선 사람들을 탓하며 신을 원망
하기도 한다. 수많은 사람들이 자신을 시기하며 뒤따르고 있다
는 사실을 모른 채, 앞선 몇몇을 시기하는 것이다.

인간은 인색하기 짝이 없는 본성을 타고났기 때문에 아무리
많은 것을 누리고 있어도 조금 더 누릴 수 없음을 부당하게 여기
고 원망을 늘어놓는다.

"정무관으로 임명이 되었습니다. 하지만 저는 집정관으로 일
하고 싶었어요. 12개의 파스케스(막대기 뭉치 사이에 도끼를 끼
운 것으로 권위를 상징)를 수여받았지만, 그런다고 집정관이 되
는 것은 아니지요. 집정관이 되지 못했으니 돌아오는 해의 이름

을 제 이름을 따서 정하려던 희망은 깨진 것입니다. 물론 좋은 직책을 주신 점은 고맙지만 왜 저 말고 다른 사람들까지 전부 뽑으신 거죠? 저의 명예와 지위는 한껏 향상되었지만 정작 재산을 늘리는 데는 전혀 도움이 되지 않았습니다. 다른 이들과 똑같이 대우해주셨지만 저에게 특별히 많은 걸 챙겨주시지는 않았습니다."

이렇게 불평하기보다는 "감사합니다."라고 말하는 편이 낫다. 아직 가지지 못한 것이 있다는 점에 대해 감사하고 때가 오기를 기다려라. 아직 갖지 못한 것에 대한 희망을 가진다는 것은 한편으로는 즐거운 일이다.

누구보다도 앞서 나갔는가? 그렇다면 다른 사람들보다 가장 앞서 있다는 것에 기뻐하라.

당신보다 앞서 있는 사람들이 많은가? 그렇다면 당신 뒤로 얼마나 많은 사람들이 있는지 생각해보라.

인간의 가장 큰 결점은 바로 잘못된 셈법이다. 내가 남에게 베푼 것은 크게 여기고 남들이 베푼 것은 하찮게 여긴다.

하찮은 문제에는
눈길조차 주지 않는 사람이 되자

♦ 서로 다른 사람들의 다양한 특성들을 고려하면 다른 이들과 갈등하지 않고 지낼 수 있다. 화를 내는 것 자체가 겁나는 사람도 있고, 괜히 화내는 모습을 보이는 것이 부끄럽다고 느낄 수도 혹은 화를 내는 것이 경멸스럽다고 느낄 수도 있다.

녹초가 된 노예를 잠시 쉬도록 한 것은 잘한 일이다. 조금 더디다고 해서 망설임도 없이 채찍을 휘두르고 다리를 부러트릴 이유가 무엇인가? 잠시 숨을 돌릴 시간을 가진다고 해서 상대를 처벌할 수 있는 힘까지 사라지는 것은 아니다. 이성이 제대로된 명령을 내릴 때까지 잠시 기다려야 한다. 지금은 화에 휘둘려서 함부로 말을 내뱉게 된다. 하지만 시간이 지나면 정확한 피해의 정도를 가늠할 수 있을 것이다.

바로 여기서 많은 사람들이 실수를 저지른다. 그래서 칼을 휘두르고 극한 처벌을 내리고, 가벼운 처벌에 그쳐도 될 일에 족쇄를 채우고 감옥에 가두고 굶기기까지 하는 것이다.

반론

"그게 가당키나 한 이야기입니까? 정작 피해를 입은 사람한테, 그 일은 아무것도 아니고 별 중요한 것도 아니며 그저 어린애 장난일 뿐이라고 생각하라는 겁니까?"

무엇보다 고매한 영혼의 소유자가 되는 것이 최상이라고 조언하고 싶다. 괜히 일을 크게 벌여서 숨을 헐떡거리며 정신없이 뛰어다니는 것이 얼마나 저속하고 하찮은 일인지 두 눈으로 똑똑히 확인하라. 진정 고결하고 위대한 정신이 무엇인지 아는 사람이라면 그런 하찮은 문제에는 눈길조차 주지 않을 것이다.

웃어넘기면 될 소소한 일 때문에
눈물을 쏟지 말자

♦ 가장 큰 소란을 불러일으키는 것은 역시 돈 문제다. 돈은 법정을 들썩이게 만들고 부자 사이에 고성이 오가고 독약을 만들고 암살자와 병사들에게 날카로운 검을 쥐게 만든다. 결국 피 묻은 돈이 문제다. 돈 때문에 밤새 부부가 언쟁을 벌이고 판사석 주위로 구름떼처럼 군중들이 몰려들며, 수백 년의 노고로 세워진 국가를 점령하고 폐허로 만들며, 잿더미로 변한 도시 곳곳을 들쑤시며 금은보화를 찾아 헤맨다.

집 안 구석에 놓인 황금 자루만 봐도 기분이 좋지 않은가? 돈 때문에 사람들은 눈알이 튀어나올 정도로 고함을 지르고 법정마다 시끌벅적 소란이 계속된다. 멀리서 재판정으로 원정온 재판관들은 양측의 주장 중에 어느 쪽이 더욱 정당한지를 가늠하기 위해서 힘들게 자리를 지킨다.

방금 예로 들었던 묵직한 황금 자루 때문이 아니라, 노예에게 주어야 마땅한 푼돈 몇 푼 때문이라면 어떨까? 통풍 때문에 온몸의 관절이 부어서 제대로 돈을 세지도 못할 만큼 병든 고리 대금업자가 고작 한 달 이자 한 푼 때문에 버럭 고함을 지른다면? 당장 갚지 못하면 사후에라도 갚아야 한다며 채무확인서를 쓰라고 우기고 있다면?

지금 이 순간 광산에서 채굴한 황금더미를 내 눈앞에 가져다 놓는다 해도, 탐욕에 젖어 저 구석 금고 속에 몰래 숨겨 놓았던 금은보화를 가지고 온다 해도 나는 눈썹도 움찔하지 않을 것이다. 그저 웃어넘기면 될 소소한 일 때문에 우리는 얼마나 많은 눈물을 쏟아내고 있는가?

53

남의 것을 빼앗고 싶은
탐욕을 억누르자

♦ 그렇다면 인간의 화를 돋우는 요소들에는 어떤 것이 있는지 하나하나 나열해보자. 음식과 음료, 그와 연관된 각종 도구들, 단어 하나, 모욕감을 주는 언행, 자신을 무시하는 몸짓, 의심, 말을 듣지 않는 가축, 게으른 노예를 들 수 있다. 그중에서도 타인의 말을 멋대로 곡해해서 받아들이는 것은 인간이 타고난 언어적 본능이 오히려 해악으로 작용한다는 것을 증명한다.

나를 믿으라. 우리를 화나게 만드는 온갖 소소한 문제들은 그저 갓난아이들이 소꿉장난을 하면서 투닥거릴 정도로 대수롭지 않은 것들이다. 그렇게 찌푸린 표정을 지을 만큼 중요한 일도 심각한 일도 아니다. 우리는 소소한 문제를 지나치게 크게 부각시킴으로써 스스로 분노와 화를 자극하고 있다.

이 사람은 내 유산에 눈독을 들이고, 저 사람은 막대한 유산을

세네카의 말

344

손꼽아 기다리는 나를 대놓고 비난했다. 심지어 애인을 뺏으려는 자도 있었다. 이처럼 복잡한 애정 문제나 똑같은 것을 얻고자 하는 욕심은 모든 분쟁과 증오심의 원천으로 작용한다.

　좁은 도로에서는 오가는 사람들 사이에 말다툼이 끊이지 않지만 드넓은 도로에서는 제아무리 많은 사람들이 오간다고 해도 싸움이 벌어질 일이 없다. 결국 우리는 너무나 하찮은 것, 남의 것을 빼앗고 싶은 탐욕을 억누르지 못해서 끝없이 반목하고 서로를 증오하고 있는 것이다.

54

자기반성의 시간을 가지면서
자신을 변론하자

◆ 우리가 가진 감각들을 강하게 단련해야 한다. 인간은 엄청난 참을성을 타고났으며 이를 망가트리려는 사악한 기운과 강하게 맞설 수 있다. 우리는 이러한 감각들을 매일 점검하고 다스려야 만 한다.

　로마의 사상가 섹스티우스도 같은 방법을 사용했다. 그는 매일 저녁 하루를 마무리하고 잠자리에 들기 전에 스스로 이렇게 자문했다. '오늘 나는 어떤 나쁜 습관을 고쳤는가? 악덕을 다스리려고 노력했는가? 어떤 점에서 발전을 이루어냈는가?'

　매일 재판정 앞에서 매서운 심판을 받아야 한다면 우리의 화도 조금은 누그러지고 기가 한풀 꺾일 것이다. 하루하루 있었던 일들을 전체적으로 점검하는 것만큼 좋은 방법이 또 있을까? 철저한 자기반성 후의 수면은 얼마나 달콤하고 꿀맛 같을까? 남들

·
세
네
카
의
말

은 알지 못하는 비평단과 재판관들 앞에서 칭찬할 부분은 칭찬하고, 잘못된 부분은 날카롭게 질책하는 철저한 반성을 마친 후에 찾아오는 잠은 매우 평온하고 깊고 고요한 것이리라.

나 역시도 이러한 자기반성의 시간을 가지면서 매일 밤 나 자신을 변론한다. 불을 끄고 잠자리에 누워서 나만의 시간을 갖는다는 사실을 아는 아내가 깊은 잠에 들고 나면, 그날의 일들을 반추하고 오늘 내가 했던 말과 행동들을 하나하나 점검한다. 스스로를 속이지도 않고 소소한 일까지 지나치지 않으려고 애쓴다. 스스로 반성하며 잘못을 인정하기만 하면 될 일인데 굳이 숨길 이유가 있을까?

'오늘 일은 특별히 용서하고 지나갈 테니 다시는 그러지 말자. 오늘 토론장에서 지나치게 호전적으로 말을 한 것 같군. 앞으로는 무지한 자들과 애꿎은 말싸움은 피해야겠어. 지금까지 무지하게 살아온 자들이라면 앞으로도 배울 의지가 없는 것이다. 오늘은 솔직함이 도를 넘은 조언을 한 것이다. 그 결과, 상대를 좋은 길로 이끌지 못하고 그저 기분만 상하게 만들었다. 앞으로는 내가 하는 말이 진실인지만 신경 쓰지 말고 상대가 그 진실된 충고를 받아들일 여유가 있는지를 고민해보자.'

선한 자는 타인의 충고를 있는 그대로 받아들이지만, 악인들은 타인의 충고를 들으면 짜증을 낸다.

55

기분이 언짢아질 때는
한 걸음 물러나 웃어넘겨라

✦ 저녁 식사 자리에서 누군가 기분 나쁜 농담을 던지고 당신의
기분을 언짢게 만들어 화를 돋운다면? 애초에 말이 통하지 않는
사람은 피하는 것이 좋다. 맨정신일 때도 진지함이라곤 없는 자
들인데 술에 취하면 얼마나 무례하게 행동하겠는가?

재판관이나 부유한 집을 지키는 문지기가 내 친구를 막아서고
밀쳐낸다면 우리는 친구 편에 서서 분노할 것이다. 그렇다면 쇠
사슬에 묶인 개가 짖어도 화를 낼 것인가? 시끄럽게 짖는 개들에
게는 간식을 던져주면 곧바로 잠잠해지기 마련이다.

그 상황에서 한 걸음 물러나 웃어넘겨라. 재판관의 집에 재판
중인 사람들이 물밀듯이 밀려들면 그 집을 지키는 하인들까지
대단한 사람이 된 것처럼 콧대가 높다. 운 좋게 막대한 부를 축
적하고 으리으리한 집에 사는 사람들은 자기 집 문턱을 넘는 것

이 힘들수록 엄청난 부와 권력을 자랑할 수 있다고 생각한다.

그들은 세상에서 가장 단단한 문은 감옥으로 가는 문이라는 사실을 알지 못한다. 세상을 살다 보면 힘들지만 어쩔 수 없이 견뎌야 하는 일들이 있다. 한겨울에 날씨가 춥다는 것이 놀랄 일인가? 배를 타면 멀미를 하는 것은 어떤가? 길거리에서 사람들과 부딪히는 것은? 온갖 일들에 굳게 마음을 먹고 있다면 이 정도는 대범하게 참아낼 수 있다.

저녁 식사 초대를 받아서 갔는데 구석자리에 앉게 되었다고 가정해보자. 우리는 주변에 있는 손님들과 우리를 초대한 주인 그리고 좋은 자리에 앉은 사람들을 보며 슬슬 부아가 치밀기 시작할 것이다. 정말 바보 같은 짓이다. 어떤 자리에 앉든지 그리 중요한 문제가 아니지 않은가? 우리가 등에 무엇을 받치고 있느냐에 따라 우리의 인격이 좌우되는가?

때로는 우리가 가진 재능을 하찮은 것처럼 비하한 사람을 향해 눈을 흘길 때도 있다. 평생 꿍한 태도로 살 작정인가? 그렇다면 당신은 엔니우스의 시를 좋아하지 않으니 똑같은 이유로 그의 미움을 받아야 마땅할 것이다. 호르텐시우스의 연설을 듣고 오류를 하나하나 집어낸다면 그는 당신을 붙잡고 한판 붙자고 덤빌지도 모른다. 키케로의 시를 비웃은 적이 있다면 서로 원수가 되어야 마땅하다. 당신은 공정한 투표가 열리는 자리에 후보자로 나서서 타인의 선택을 참아낼 용기를 가지고 있는가?

56

참지 못할 모욕이란
이 세상에 결코 없다

♦ 누군가에게 모욕을 당했는가? 아마도 스토아학파의 철학자인 디오게네스가 당했던 모욕만큼 대단한 것은 아닐 것이다. '화'라는 주제로 한창 강연중인 디오게네스를 향해 어떤 무례한 청년이 퉤 하고 침을 뱉었다. 디오게네스는 아무 말 없이 이렇게 말했다. "사실 화가 나지는 않네만, 지금 내가 화를 내야 하는 건지 아닌지 확신이 서지 않는군."

로마의 정치가 카토의 경우는 이보다 더 모욕적이었다. 한창 재판정에서 반론을 이어가고 있는데, 아버지뻘인 렌툴루스가 그의 얼굴 한가운데에 가래침을 뱉었다. 렌툴루스는 평소 성마른 성격에 싸움꾼으로 악명이 높은 정치가였다. 그러자 카토가 얼굴에 묻은 침을 닦아내며 이렇게 말했다. "렌툴루스, 당신이 얼마나 기발한 재주를 가진 사람인지 당장 세상 사람들에게 알리고 싶은 심정입니다."

세네카의 말

350

57

화가 난 사람들에게
자기만의 공간을 주어라

♦ 지금까지 우리의 마음을 다스리는 법에 대해서 충분히 토론해 보았다. 주로 화를 느끼지 않는 것 혹은 화를 이기는 법에 관한 내용이었다. 그렇다면 이제 다른 사람의 화를 어떻게 진정시킬 수 있는지에 대해서 알아보자. 스스로 온전하게 살아가는 것뿐만 아니라 타인의 상처도 보듬을 수 있어야 하기 때문이다.

처음 화가 부글부글 끓어오르는 순간에는 귀에 아무 말도 들리지 않고 광적으로 변하기 때문에 섣부른 위로만으로는 진정이 되지 않는다. 화난 사람들에게 자기만의 공간을 주어라. 어느 정도 화가 가라앉아야만 다양한 치료가 가능해진다.

눈이 부어오르면 절대로 비비지 않는다. 괜히 손을 댔다가는 부기가 더 심해지기 때문이다. 상처가 잔뜩 성이 나 있을 때도 마찬가지다. 병에 걸렸을 때 맨 처음 해야 할 처치는 안정을 찾는 것이다.

◦ 세네카의 화 다스리기

351

반론

"제풀에 화가 누그러진 후에 이를 다스리려고 한다면 무슨 큰 효과가 있겠습니까?"

일단 화를 빠르게 가라앉히는 것에 도움이 된다. 다음으로 다시 화가 솟구치지 않도록 예방해야 한다. 폭발적인 화의 감정을 달랠 수는 없지만 해롭지 않은 것으로 만들 수는 있다. 또한 복수를 위해 사용할 수 있는 무기들을 저만치 치워버릴 수도 있다.

상대의 고통에 공감하는 것처럼 함께 분노하면서 우리의 충고가 더 영향력을 가지게 만들 수도 있다. 일단 화를 억누르고 시간을 가진다면 곧바로 복수를 감행하지 않도록 막을 수 있는 다양한 방안들을 떠올릴 수 있을 것이다.

게다가 잠시 화를 누르기 위한 온갖 방법들을 동원할 수도 있다. 잔뜩 화가 난 사람들에게 두려움과 수치심을 느끼도록 만들 수도 있다. 화의 정도가 약할 경우에는 재미있는 이야기나 소설 같은 이야기로 주의를 돌려 들끓는 격정을 잠재울 수도 있다.

언젠가 한 의사가 왕의 호출을 받고 공주를 치료하게 되었는데 칼을 대지 않고서는 다른 치료 방법이 없었다고 한다. 결국 의사는 날카로운 수술용 칼을 헝겊으로 돌돌 말아서 들고 가 부어오른 공주의 가슴에 슬쩍 가져다 댔다. 만약 처음부터 칼을 꺼냈다면 공주는 기겁을 하고 발버둥을 쳤을 것이다. 하지만 진짜 칼을 대고 수술을 할지 몰랐기 때문에 그런대로 고통을 참아낼 수 있었다. 가끔은 속임수를 써야만 제대로 문제를 해결하게 될 때도 있다.

58

좋은 평판을 얻기 위해
지나치게 신경 쓰지 말자

♦ 만약 무한한 능력을 가지고 있어서 화를 스스로 다스릴 수 있다면 애초에 화를 완전히 제거할 수 있도록 힘써라. 하지만 지금까지 이야기한 것처럼 화보다 더욱 강력한 감정들, 가령 사납고 비인간적이며 피에 굶주린 분노 그리고 두려움으로 이를 극복해야만 하는 경우라면 되도록 마음을 평온하게 가지도록 노력하라. 끝없는 명상과 올바른 가르침, 선한 행동 그리고 진실한 것을 추구할 때만 진정한 마음의 평온을 얻을 수 있다.

항상 양심에 따라서 행동하되, 타인에게 좋은 평판을 얻기 위해서 지나치게 신경을 써서는 안 된다. 혹시 나쁜 평판을 얻는다고 해도 그 의도가 선한 것이었다면 묵묵히 받아들여라.

반론

"그렇지만 일반 사람들은 기세가 등등한 사람들을 우러러보기 마련입니다. 과감하게 행동하는 사람들은 존경을 받고 조용히 침묵하는 자들은 나태하다고 평가합니다."

겉보기에는 그럴 수도 있다. 하지만 나태해서가 아니라 마음의 평온을 통해서 흔들림 없는 인생을 살아왔다는 사실을 알게 된다면 누구나 당신을 우러러볼 것이다.

추악하고 파괴적인 화라는 격정은 아무짝에도 쓸모가 없다. 그저 해악만 가져다줄 뿐이다. 화는 악덕 그 자체이며 뜨거운 불이나 날카로운 칼날과 같다.

화는 인간의 자제심을 짓밟고 두 손으로 살육을 감행하며 아이들의 사지를 갈기갈기 찢는다. 아무 죄책감 없이 범죄를 저지르고 영광 따위는 염두에 두지 않으며 불명예를 얻게 될 것을 두려워하지 않는다. 일단 화가 증오심으로 굳어지고 나면 다시는 되돌릴 수 없다.

화를 내면서 살기엔
인생이 너무 짧고 소중하다

♦ 우리는 화라는 악덕에서 자유로워져야 한다. 마음을 깨끗하게 정화하고 화의 뿌리를 말끔히 뽑아내어 혹시라도 그 사악한 격정이 어딘가에 들러붙어 가지를 뻗지 않도록 주의해야 한다. 때문에 화는 그저 조절하는 것이 아니라 완전히 제거해야 한다.

사악한 습성을 조절하는 것이 무슨 의미가 있겠는가? 최선을 다한다면 악의 뿌리를 뽑는 것은 충분히 가능하다.

인간은 필연적으로 죽을 수밖에 없다는 점을 염두에 둔다면 커다란 도움이 될 것이다. 스스로 그리고 주변 사람들에게 이렇게 말하라. "어쩌자고 우리는 짧은 인생을 남들에게 화나 퍼부으며 낭비하고 있는가? 고결한 즐거움을 누리기도 짧은 시간이 아닌가. 타인을 괴롭히고 슬프게 만드는 것에 시간을 써야 옳은가?"

세네카의 말

356

아무 가치도 없는 일에 시간을 낭비할 정도로 인생은 길지 않다. 왜 그렇게 급하게 전쟁터로 달려가는가? 어떠한 이유 때문에 타인과 갈등을 빚으려고 하는가? 왜 인간이 나약한 본성을 타고났다는 것을 잊은 채 누군가를 파멸시키겠다는 분노를 품고 스스로를 파멸의 구렁텅이로 내던지는가?

제아무리 깊은 원한을 품고 적개심을 불태우며 살아도 언젠가는 열병이나 다른 병에 걸려서 이러지도 저러지도 못할 날이 올 것이다. 결국 죽음이 끝까지 반목하는 두 사람 사이에 끼어들어 그들을 영원히 갈라놓을 것이다.

왜 혼란을 자초하며 어지러운 싸움에 인생을 바치려고 하는가? 우리 머리 위에서 운명의 여신이 하루하루 흘러가는 시간들을 가늠하고 있다. 우리 모두 하루하루 죽음에 가까워지고 있다. 다른 누군가를 죽음에 이르게 하려고 정해두었던 날이 어쩌면 우리 자신이 죽음에 이르게 되는 날일 수도 있다.

60

얼마 남지 않은 인생을
고요하고 평온하게 보내자

✦ 우리에게 주어진 짧은 인생을 격정으로 어지럽히는 대신 타인과 본인을 위해서 평온하게 살아가면 어떨까? 살아 있는 동안 모든 이의 애정을 한 몸에 받고 죽어서도 영원히 기억될 수 있다면? 당신에게 목소리를 높였다고 그 사람의 자존심을 꺾어놓으려고 이를 바드득 간다고 무엇이 달라지는가? 왜 당신이 가진 권력을 이용해서 한낱 비천하고 비열하기 짝이 없으며 모두를 짜증나게 만드는 그 사람, 당신을 괴롭히고 헛소리를 지껄이는 사람에게 복수를 감행하려고 하는가?

노예를 거느린 주인들이여, 왜 화를 내는가? 주인을 섬기는 노예들이여, 왜 화를 내는가? 왜 당신의 후원자에게 화를 내는가? 왜 당신이 후원하는 자에게 화를 내는가? 잠시 멈추어 생각해보자. 저만치 우리를 향해 다가오는 죽음이 모두를 평등하게 만들 것이다.

우리는 원형경기장에 황소와 곰을 바짝 붙여놓고 눈요기 삼아 치열한 싸움을 즐긴다. 한쪽이 다른 한쪽을 조각조각 찢어놓고 난 후에는 경기에서 이긴 동물도 결국 살육자의 손에 죽음을 맞이한다.

우리의 모습도 이와 다르지 않다. 승리한 자도 패배한 자도 얼마 후면 똑같은 결말을 맞게 되는 걸 알면서도 죽어라고 타인을 해하려 애쓴다. 앞으로 얼마 남지 않은 우리 인생을 고요하고 평온하게 보내는 것이 어떨까? 숨을 거둔 우리의 시체 앞에서 그 누구도 증오받지 않도록 하자.

옆집에서 "불이야!"라고 고함치는 소리가 들리면 그 즉시 싸움이 멈춘다. 난데없이 야생동물이 나타나면 여행객을 해하려던 도둑이 저만치 떨어져 나가기도 한다. 어마어마한 공포가 닥치면 눈앞에 보이는 시시한 악인들과 말싸움을 벌일 여유가 없다. 싸우고 몰래 음모를 꾸민다고 무엇이 달라지는가?

당신을 화나게 만드는 사람이 죽기를 원하는가? 만약 그걸 원한다면 그저 가만히 있으면 될 일이다. 그 역시 곧 죽음을 맞을 테니까. 당신이 애쓰지 않아도 이루어질 일이라면 괜스레 고통스러워하며 우리의 시간을 낭비할 이유가 없다.

손해를 입거나 경멸을 당해도
휘둘리지 말고 인내하라

♦ 지금 우리가 살아 숨 쉬고 있는 소중한 시간들은 얼마 후면 사라질 것이다. 그때까지 최대한 인간답게 살아야 한다. 타인을 위협하거나 공포를 느끼게 해서는 안 된다.

엄청난 손해를 입거나 부당한 일을 겪더라도, 경멸을 당하고 비웃음을 듣더라도 덧없는 인생사를 초월해 인내하자. 세상사에 휘둘려 살다 보면 어느새 우리 앞에 죽음이 다가와 있을 테니까.

세네카의 말